猫と暮らす七十二候

おかのきんや
根本浩

二見書房

はじめに

「七十二候《しちじゅうにこう》」とは、古代中国で考案された、季節や気候の特徴を文章で表したものです。

それは、四季の美しさと変化に恵まれた日本という国に住んでいる、私たちの日々の暮らしの中から生まれた、感性のエッセンスとも重なります。

私たちは、四季折々の気候や風景から、その季節にしかない風情や趣を味わうことができます。

年中行事や旬の食べ物などから、その季節にしかない、日々の暮らしの情味を感じることができます。


ところがそこに、猫という不思議ないきものが、するりと入り込んでくると、それまでの情景が一変するのです。それまでの趣がいっそう深みを増すのです。

たとえば「春」。満開の桜、花びらがひらひらと舞っています。

それだけで私の気持ちは陶然とします。

ところが、その樹下で佇《たたず》む白い猫の頭に、ひとひらの桜の花びらがのっている。たったそれだけのことで、同じ光景が、なんとも愛らしい世界に一変します。

さらにそれが、痩せこけた野良猫とわかれば、同じ時と場を共有している、生きとし生けるものとしての、親愛と情愛が沸き起こってきます。

日々の暮らしの中で、そんな猫たちと歳時記を合わせ鏡のようにすると、さまざまな感覚や想いが心に映し出されてきます。

それを「エッセイ」としてまとめ、さらに「七十二候」と重ね合わせて生まれたのが本書です。

エッセイは私（おかの）が担当。「七十二候」は文筆家であり、現役の国語教師でもある根本浩氏が担当しました。

愛すべき仲間である「猫たち」の写真とともに、お楽しみいただければ幸いです。

おかのきんや

二十四節気・七十二候について

「気候」という言葉を考えてみましょう。気候の気は「二十四節気《にじゅうしせっき》」の「気」を、候は「七十二候」の「候」を表しています。

日本には四季が存在し、私たちの生活に変化や喜びを与えてくれます。その四季の変化を感じ取り、四季とともに過ごしていくために、昔から、その季節ならではの行事やお祝い事を暮らしの中に組み入れてきました。

その目印になっているものが、古代中国・殷《いん》の時代から作られはじめたとされる「二十四節気（または二十四気）」です。

太陽が一年で一周する三百六十度を十五度ずつ二十四に区切り、季節を表す漢字二文字の名前をつけたものです。春の初めは「立《りっ》春《しゅん》」、最も暑い七月後半は「大暑《たいしょ》」というように、春夏秋冬をそれぞれさらに六つに分けることで、季節をより細かく表す目安にしたのです。

その二十四節気をさらに三つずつに分けて七十二にしたものが、「七十二候《しちじゅうにこう》」です。一つの候につき、おおよそ五日前後の単位で区切り、その区切りの特徴になる自然現象や動植物の動きを小文で示しています。

大きな季節区分を表す二十四節気は古代中国のものをそのまま、細かい季節を表す七十二候はそもそも中国黄河中流域を基準にしていたため、江戸時代に日本の気候風土に合わせて変更されました。この日本版の七十二候を特に本朝《ほんちょう》七十二候と呼び、現在も一般的に使われています。

たとえば、ツバメが日本にやってくる春の頃は「玄鳥至《つばめきた》る」、モミジやツタが黄色くなる秋の頃は「楓蔦黄《もみじつたき》なり」など、七十二候は、日本の季節の変化をより子細に明確に感じるために作られたものといえるでしょう。

旧暦について

日本の「カレンダー」が「暦」。「こよみ」とは「日《か》＋読み」の意味です。私たちが現在使っている暦が「新暦」で、太陽暦とも呼ばれます。「旧暦」とは「新暦」に対してそれ以前に使われていた暦のことで、一般的には「陰暦」とも呼ばれますが、正式には太陰太陽暦といいます。

新暦と旧暦の違いとは何でしょうか？ 新暦は地球が太陽の周りを一周する期間を一年としているのに対し、旧暦はまず月の満ち欠け（朔望月《さくぼうげつ》）によって一か月を決め、その十二か月分を一年と設定しています。

朔望月は約二十九・五日なので、その十二か月分の一年は三百五十四日となり、新暦の一年より十一日ほど短くなります。そこで旧暦では約三年に一度、五月と閏《うるう》五月というように同じ月を二度くり返すことで一年の長さのずれを調整しています。

じつは二十四節気（やがて七十二候も）は、こうした暦と季節のずれを調整する目安としたものでした。古代中国の王にとって一番重要なのは農作業の「日どり」でしたので、ずれた暦の日付けにかかわらず、種まき、植え替え、刈り取りなどの日どりの目安とするために設けられたのが二十四節気だったといえましょう。

したがって二十四節気・七十二候とは、新旧の暦に関係なく、四季の移り変わり、自然と共存するためのカレンダーなのです。

日本では旧暦が新暦に改められたのは、明治六年のことでした。月の区分と春夏秋冬の四季区分がどうも折り合いがつけにくかったこともあり、今も伝統行事・生活歳事の世界では旧暦は重要な目安となっています。

春

夏

秋

冬

春

猫たちにとっては恋の季節です。
宵を迎えると、あちらこちから求愛の鳴き声や、
雄猫たちが争う声が聞こえてきます。
恋に忙しい猫たち、
家にはごはんを食べに帰ってくるだけ。
飼い主にはちょっぴり寂しい季節です。

写真／長野県　中山高原

東風凍を解く

【とうふうこおりをとく】

二十四節気の始まりである「立春《りっしゅん》」の最初の候。暖かい春を感じさせる風が池や湖に張った氷を溶かす、という意味です。東風とは春風のことで、そのまま「はるかぜ」とも読みます。昔の中国では、春は東から訪れると信じられていました。

春風を感じるとはいえ、まだまだ寒い時期。空気が澄んでいるので夕焼けが鮮やかです。遠くの街並みが影絵のように見えます。こんなときには、コタツの中で暖まっている猫をムリヤリ誘って、半纏《はんてん》の中に抱え込み、夕暮れ見物です。猫の暖かさがじんわりと伝わってきます。猫が半纏の襟元から顔だけ出して夕日を見ています。「猫と夕焼けと一体になる、なんて幸せな一瞬だろう」と陶酔していたら、猫にほっぺたを咬まれました。猫は夕日を見たかったのでも、かすかな春風を感じたかったのでもなく、逃げようと顔を出していたのでした。

＊旬の山菜＊

フキノトウ

日本原産の山菜・野菜で、全国の山野で見られます。フキノトウはフキの花のつぼみで、春先にいち早く芽を出し、春の訪れを告げてくれます。独特の香りと苦みが特徴。天ぷらや和え物、フキ味噌などでいただきます。

＊旬の魚＊

白魚《しらうお》

体長十センチほど、透明、火を通せば白色の小さな魚で、大変美味。猫にはさすがに贅沢ですね。ちなみに、猫に必要なたんぱく質は、ごはんの二十八％以上。子猫はその二倍以上が必要です。

春・立春

黄鶯睍睆く

【うぐいすなく】

春の訪れを、ウグイスが美しい鳴き声で教えてくれる、という意味です。ウグイスの初音（初鳴き）は、暖かい地方ほど早いもの。そのため、昔から「春告鳥《はるつげどり》」と呼ばれて、その声を聞くことを人々は楽しみにしていました。

「紅梅や縁に干したる洗ひ猫」小林一茶。寒さの中にも暖かさを感じるある日、一茶さんが、薄汚れた猫を久しぶりに洗ってあげた——そんな情景を詠《よ》んだ句です。

うちの猫は、大のお風呂嫌いです。風呂場で洗ってあげると、いつもは威張っているのに何とも情けない様子になります。お風呂から出たあと、タオルで拭いてやると「とんでもないことをされた」とでもいうように、ダッシュをして逃げていきます。それからの数日間は、頭をなでようとすると、さっとどいてしまいます。口もきいてもらえません。

＊旬の野菜＊

小松菜

ウグイスが鳴く頃に並ぶので「鶯菜《うぐいすな》」とも呼ばれます。ビタミンやカルシウム、食物繊維をたっぷり含む、野菜の優等生です。

＊季節の行事＊

針供養

折れたり錆びたりして使えなくなった針を供養する行事。「事始め」「事納め」と呼ばれる、二月八日または十二月八日に行われます。柔らかい豆腐やこんにゃくなどに針をさして神社や寺などにおさめ、同時に裁縫の上達を祈りました。

【立春】末候
2月13日〜17日頃

魚氷に上る

【うおこおりにのぼる】

川や湖の水温が上がり、張っていた氷が薄くなって、魚がそこから飛び跳ねる様子です。薄くなりはじめた水面の氷を「薄氷《うすごおり》」「蟬氷《せみごおり》」、冬の間水底にじっとしていた魚が、水温が上がるにつれて浅いところに移動するさまを「乗込《のっこ》み」ともいいます。

魚が動き始めるこの時期、猫も活発になるのでしょうか……？ わが家の子猫は、ベランダが大好きです。柵から顔を出して、よく地上を眺めたりしています。

春先のある日、ふと見ると、ベランダにいるはずの子猫が消えていました。高層階だからと油断して、リードにつないでいなかったのです。「落ちたのでは!?」。心臓が冷たくなりました。そのときチャイムの音が。ドアを開けると、階下の奥さんが子猫を抱いていました。階下のベランダで遊んでいたとのこと。いったいどうやって下まで降りていったのか……いまだに謎です。

＊季節の鳥＊

メジロ

目の周りが白いから「目白」。木に押し合うように並んで止まる習性があり、そこから生まれた言葉が「目白押し」。

＊季節の行事＊

初午《はつうま》

二月の最初の午の日のこと。京都の伏見稲荷《ふしみいなり》神社をはじめ全国の稲荷神社で、豊作を祈願する祭事が行われます。

偕楽園《かいらくえん》の梅まつり

日本三名園の一つ、茨城県水戸市の偕楽園では、二月中旬から三月下旬にかけて、梅まつりが行われます。

土脉潤い起こる

【どみゃくうるおいおこる】

節気の「雨水《うすい》」は農作業を始める季節。その最初の候で、春の雨が大地を潤し始めるという意味。雪がしっとりとした雨に変わり、大地も潤いと湿り気を保ち、生命が目覚めます。土が脉（脈）のようにドクドク息づきはじめるのが「土脉」です。

「うき友にかまれてねこの空ながめ」向井去来。恋敵に咬まれた猫が、どうしようと空を眺めているよ、という句です。

猫にとってはまさに恋の季節。街では、よくこんな光景に出会います。恋に萌《も》えた雄猫が、かわいい雌猫を追跡。突然 振り向かれると、あわてて知らん顔をしてごまかす。懲りずに、何度もそれをくり返す雄猫。でもそんなの、雌猫にはバレバレで冷たくあしらわれてしまいます。雌猫に振り向かれるたびに、白々しくごまかす。そんな雄猫の一生懸命ぶりが何とも笑えます。そしていじらしくなります。がんばれ、雄猫。

＊旬の野菜＊

春キャベツ

この時期から六月頃までに採れる、やわらかくて甘みが強いキャベツ。ビタミンCも特に多く含まれています。

＊旬の魚＊

白魚《しろうお》

「イサザ」ともいい、十ページの「白魚《しらうお》」とは別の魚。酢としょうゆをかけた白魚を生で食べる「踊り食い」は福岡名物。

＊季節の言葉＊

春一番

立春を過ぎて、その年に初めて吹く南寄りの強い風。春一番が吹いた翌日に寒さが戻ることも多い。いわゆる「寒《かん》の戻り」。

霞始めて靆く

【かすみはじめてたなびく】

「霞」とは、霧や靄《もや》で遠くの景色がぼやけている（かすんでいる）こと。気象学用語ではありません。「たなびく（棚引く）」は霧や靄が横に薄く長く漂うさま。春になると空気中の水分が多くなり、細かなチリも増えて霧や靄が多く出はじめます。

猫が窓から外を眺めている姿を見ていると、「猫も景色を味わう情緒豊かな気持ちがあるのかなあ」と、しみじみしてしまいます。

猫の視力について調べてみると、猫は遠くと間近は、ぼやけて見えないそうです。ところが、二～六メートルあたりは、バッチリ見えるそうです。これって、狩りのターゲットエリアだそうです。だから猫は遠くの景色を見てしみじみしたりしないんです。私の勝手な思い込みでした。でも、そうとわかっても、猫が外を所在なげに眺めている光景、なんだかしみじみします。

＊旬の魚＊

ムツ

冬から春先にかけてが旬。大きいものは一メートルにもなります。柔らかくこってりとした味わい。卵巣のムツ子煮が美味。ムツという名は「むつっこい（あぶらっこい）」という方言からきているとも、「むっちり」している姿からきているともいわれます。

＊季節の行事＊

野焼き・山焼き

晴天無風の日に枯草を焼く行事。一月最終土曜の若草山（奈良県）、二月中旬の秋吉台（山口県）の野焼きは全国的に有名です。

草木萌え動る

【そうもくもえいずる】

草や木に小さな緑色の芽が生まれてきて、いよいよ本格的な春到来の予感。単に「萌える（芽が出る）」ではなく、「萌え動く」という表現に、いのちの力強さを感じます。枯草の下から草が芽吹いてくるさまは、「下萌《したもえ》」「草萌《くさもえ》」ともいいます。

猫って草が大好物ですよね。ただ好きなだけではなく、毛玉を吐いたりするために必要なこともあるようです。室内猫は雑草を食べられないので、ペットショップで売っている猫の草を与えたりします。カラス麦の若葉だそうです。

わが家の場合は、猫草栽培セットをホームセンターなどで買い求め、小さな容器に種をまいて栽培しています。十センチほどに成長したところで、猫に披露すると、いつもは呼んでも来ない猫が、ニャーニャーとすり寄ってきます。チャンスとばかり、こんなときには何度もお手をさせたりしています。

＊旬の魚介＊

蛤《はまぐり》

上巳《じょうし》の節句であるひな祭りでは、蛤のお吸い物が定番。また、蛤の同じ貝の殻同士しか合わさらない特徴を使った遊びが「貝合わせ」。合わせ貝に猫の絵を描いて色付けするのも楽しいかも。

＊季節の言葉＊

木《き》の芽《め》起《お》こし

この時期に降る雨の表現。眠っている木の芽に目覚めを促し、起こして膨らませるために大切な雨です。この時期の晴天を「木の芽晴れ」、冷え込んだ気候を「木の芽冷え」など、この時期は「木の芽」のついた表現がたくさんあります。

蟄虫戸を啓く

【すごもりのむしとをひらく】

春の暖かさに誘われて虫たちが動き始める「啓蟄《けいちつ》」の最初の候です。寒い冬の間、じっと土の中に身を潜めていた虫たちが、いよいよ活動を始めます。「戸を啓く」とは、土のドアを虫が押し開く様子を表しています。

ツレアイが、実家で猫を飼っていたときの話です。コタツで憩っていると、外から猫が帰ってきました。ツレアイのところにいそいそとやってくると、目の前にポトリと何かを落としました。玉虫色のものがキラキラと光っています。ツレアイ、畳の上のい、それをつまみ上げて、「なんだろう?」。そのとたん、隣に座っていた母親が悲鳴をあげました。「それ」はトカゲの尻尾だったのです。

猫は大好きな人を自分の子ども扱いし、美味しいものを与える習性があるのですね。うれしい迷惑ですね。

＊旬の山菜＊

わらび

山菜類がみずみずしい季節。山菜の代表わらびは、古く万葉集にも詠まれています。志貴皇子《しきのみこ》の歌で「石走る垂水《たるみ》の上のさわらびの萌え出づる春になりにけるかも」。岩から走るように出てくる雪解け水のそばに、わらびが顔を出す春になったのだなあ、という歌です。

＊旬の魚＊

サワラ

春に獲れやすいことから、漢字では「鰆」。旬は秋から春にかけてで、西京焼きや竜田揚げ、鮮度がよければ刺身が美味。岡山県で特に珍重されます。

【啓蟄】次候
3月10日～14日頃

桃始めて笑う

【ももはじめてわらう】

桃の花が咲きはじめる、という意味。昔の言葉では、花が咲くことを「笑う」とも表現していました。風情がありますね。この頃の雪解け水は「桃花水《とうかすい》」とも呼ばれます。桃は「神の力が宿る木」とも言い伝えられてきました。

この時期はまだ花ですが、桃の果実の話です。桃の果実の表面には短い産毛《うぶげ》のようなものが生えていますね。触るとちょっとチクチクします。あれは桃が木になっているときに、雨で実が濡れるのを防いだり、外敵から実を守るために生えているそうです。

あの産毛の感触、猫のある部分にそっくりです。猫大好きなあなたなら、もうわかってしまったかもしれませんね。そう、猫の鼻の頭です。小さなお鼻の穴の上のあの部分です。猫ってカラダ中優美な体毛で覆われていますが、鼻の頭だけ妙に短毛です。ちょっと冷たい猫の鼻の頭を指でなでる感触、大好きです。

＊旬の野菜＊

新玉ねぎ

甘くてみずみずしいのが特徴。「玉ねぎの新のもの」とも呼ばれます。涙が出る玉ねぎの成分は硫化アリルと呼ばれるもので、胃の働きを活発にします。

＊季節の行事＊

春日祭《かすがさい》

三月十三日は、奈良にある春日大社のお祭りの日。藤原道長などを生んだ藤原氏の氏神を祀る神社で、世界遺産にも指定されています。春日祭では、神楽《かぐら》の一種「和舞《やまとまい》」など、歴史を感じさせる儀式が行われます。

菜虫蝶と化す

【なむしちょうとかす】

「菜虫」は、キャベツや大根の葉につく青虫のこと、成虫になればモンシロチョウになります。昔の人は蝶のことを「夢虫《ゆめむし》」「夢見鳥《ゆめみどり》」とも呼びました。荘子《そうし》の「胡蝶《こちょう》の夢」の故事は現実と夢の区別がつかないさまをいいますが、それが由来とも。

「ニャッ！　ウニャニャニャ！」と押し入れの中から飼い猫の声。なにやら、焦っているようです。中をのぞくと、いちばん上に畳まれている掛け布団の間から、猫の丸い手が一本飛び出しています。その丸い手の先を、素早く、何かを捕まえるように小さく動かしています。そしてまた、「ウニャッ！　クニャニャニャ！」。

布団の中に何かいるのでしょうか？　急いで布団をめくると、猫はぐっすりと寝ています。「そうか、今のは猫の寝言だったんだ」と気がつきました。猫も夢を見るんですね。モンシロチョウを捕まえる夢かな？

＊旬の甘味＊

ぼた餅

春のお彼岸に欠かせないぼた餅。漢字では「牡丹餅」と書きますが、これは春に咲く牡丹の花にちなんで。同じものが秋には「おはぎ」と呼ばれますが、これは秋に咲く萩の花にちなんでいます。

＊季節の言葉＊

藍《あい》蒔《ま》き

衣類などの染料になる藍の種をまく頃のこと。苗床の小さく区切った畑にまず種をまき、少し伸びたところで、畑に移植します。

雀始めて巣くう

【すずめはじめてすくう】

昼と夜の長さが同じになる「春《しゅん》分《ぶん》」の日を含む節気の始まりです。春分の初候「雀始めて巣くう」は、スズメが巣を作りはじめる時期。冬の枯草や藁《わら》を集めて、屋根瓦の下や軒先などに、忙しそうに巣を作りはじめます。

「カッ！　カッ！　クカカカカ」。ある日、猫が妙な鳴き方をしていました。瞳孔が開いて目が真っ黒です。頭を床近くまで下げ、忍び足でベランダのほうへ近づいていきます。スズメです。ベランダの手すりに止まっています。それを狙っているのです。猫はガラス戸から先に進めないので、悔しがっています。猫が初めてスズメを見た日の出来事です。

別の日には、ハトの群れがベランダにやってきました。それを見た猫。その迫力に恐れをなし、ソファーの影から横目でハトをのぞき見していました。

＊旬の魚介＊

ホタテ貝

この時期、産卵を控えて美味なのがホタテ貝。たんぱく質やミネラルが豊富です。漢字で「帆立」と書くのは、殻が開いたときの様子が帆を立てた舟に似ているため。

＊季節の花＊

モクレン

春の訪れを告げる花。外側が赤紫色のが紫木《しもく》蓮《れん》、真っ白なのが白木《はくもく》蓮《れん》。海外ではマグノリア。

タンポポ

タンポポという名は、花や茎の遊び方が鼓《つづみ》に似ていること、鼓が「タン、ポン」と音を出すことからついたといわれます。

桜始めて開く

【さくらはじめてひらく】

日本人になじみ深い桜。日本の桜の多くは、江戸時代につくられたソメイヨシノという品種。昔からの品種、山桜、彼岸桜、大島桜なども日本各地の春を彩ります。桜の別名は「夢見草《ゆめみぐさ》」。咲き誇るさまは、まさに夢のような美しさです。

毎年、必ず見に行く桜の木があります。桜の名所に行くわけでも銘木を見に行くわけでもありません。十五年ほど前に住んでいた街に生えている貧弱な桜の木です。でも、私にとって、その桜の木がこの世で一番美しく見えるのです。

昔、飼っていた猫が天国へ旅立ちました。マンション住まいだったので、土へ還すこともできません。そのとき近所の友人が、庭に植えたばかりの桜の木の根本に、愛猫を埋葬させてくれたのです。私にとってのお花見は、思い出の中の猫と再会する日でもあるのです。

＊季節の甘味＊

桜餅

あんを桜色のお餅でくるみ、塩漬けした桜の葉で包んだ桜餅。お餅は関東では小麦粉、関西では道明寺粉を使います。桜の葉にはクマリンというリラックス成分が入っているので、食べるとほんのり幸せな気持ちに。

＊季節の行事＊

お花見

お花見の歴史は古く、奈良時代から始まって、江戸時代に広まりました。昔は桜と限らず、場所によってはツツジのお花見だったところもありました。

雷乃ち声を発す

【かみなりすなわちこえをはっす】

桜の花が咲いたあとは雨が降りやすくなり、しばらくおとなしくしていた雷が、また鳴りはじめます。雷の音や光は怖くもありますが、作物を実らせる恵みの雨も連れてくるので、昔の人はこの時期の雷を喜んだのです。

野良猫や、飼われていても出入り自由の猫は、雷の音をたいして怖がりません。それに比べて、室内だけで暮らしている猫は雷の音に敏感です。雷の音が遠くから響いてくるだけで、そわそわしだし、押し入れに潜り込んだりします。

でも、室内猫がそれ以上に怖がる音があります。それは玄関チャイムの音です。宅配便の人がピンポ～～ン！　そのとたん、わが家の人見知り猫は「ウ～～ッ」と全身の毛を逆立てて唸《うな》り出します。チャイムが鳴るたびに、苦笑しながらなだめています。

＊旬の魚＊

鯛

お祝い事に欠かせない鯛の旬はこの時期。「桜鯛」ともいわれます。刺身や塩焼き、しゃぶしゃぶ、鯛めしなど、どんな調理法でも美味。

＊季節の生き物＊

おたまじゃくし

蛙の幼生。調理道具の「お玉杓子《たまじゃくし》」に似ていることからその名がつきました。

＊季節の言葉＊

春雷《しゅんらい》

春のこの時期に鳴る雷のこと。ちなみに、その年に初めて鳴る雷は「初《はつ》雷《らい》」。

【清明】初候
4月4日〜9日頃

玄鳥至る【つばめきたる】

節気の「清明《せいめい》」は、植物や動物が清らかに生き生きとする時期。その最初の候です。「玄鳥至る」の「玄鳥」とは、ツバメのこと。渡り鳥のツバメが戻ってくるこの時期は、本当の暖かさが戻ってきたということでしょう。

ある春の日、釣り好きの友人に誘われて、伊豆の海岸へ行きました。私は釣りはせず、岸壁をのんびりお散歩。帰りは日帰り温泉でこれまたのんびり（地魚料理を食べればいいのに、なぜか友人も私もトンカツ定食でした）。

帰り際、友人が四十センチほどの立派な魚を一尾、新聞にくるんでお土産にくれました。家に戻ると、猫がさっそくその包みを取り調べにやってきました。新聞を開くと、猫フリーズ。なにしろ、魚は切り身以外見たことがありません。そのまま後ずさりし、その日は押し入れに隠れたままでした。

＊季節の行事＊

花まつりと灌仏会《かんぶつえ》

四月八日のお釈迦《しゃか》様の誕生日を「灌仏会」といいますが、花が咲き乱れる時期でもあるので花で祝う風習もでき、「花まつり」とも呼びます。花まつりには甘茶《あまちゃ》というお茶を飲みますが、これは、お釈迦様が生まれたとき、空から甘露《かんろ》という甘いしずくが降ったという伝説から生まれました。

＊季節の言葉＊

菜種梅雨《なたねづゆ》

この時期、「春の長雨」と呼ばれる雨が幾日も降り続くことがあります。菜の花の咲く時期なので「菜種梅雨」とも呼ばれます。

鴻雁北る

【こうがんかえる】

ツバメとは反対に、冬の渡り鳥である雁は、暖かくなってきたこの時期に隊を連ねてシベリアへと帰っていきます。マガモ、白鳥、鶴、ツグミなども、同じく北へ帰っていく渡り鳥。ツバメと同じ夏の渡り鳥には、オオルリやホトトギスがいます。

猫を飼っていて「あ～しあわせ」と思う瞬間の一つが、日向ぼっこをしている猫の体をなでることです。猫の幸せな気分が手のひらから伝わってくるようです。ついでに、ホカホカになった猫の頭の匂いを嗅ぐと、お日様の匂いがします。人間の赤ちゃんの頭の匂いにも似ています。

ちょっと前に「ネコ吸い」という新語が出てきました。ミュージシャンの坂本美雨《みう》さんが言い出しました。仰向けになった猫のお腹に顔を埋めて、口をつけて吸うんです。ここまでいくと、もう愛猫家というよりも、猫萌え家ですね。

＊季節の行事＊

十三詣り

数え年十三歳の子どもが、旧暦三月十三日（今の四月十三日頃）前後に、慈悲と叡智《えいち》を持つ虚《こ》空蔵《くうぞう》菩薩《ぼさつ》にお参りをして、成長を祝い厄を払う慣わしです。

＊季節の言葉＊

雁風呂《がんぶろ》

雁は、秋に日本に来るときに、海で止まり木にする木片をくわえてくるという伝説があります。春になると木片をくわえて北へ帰るのですが、死んでしまった雁の木片はそのまま残ります。それを集めて風呂の焚き木としたのが「雁風呂」。青森県に伝わる伝説です。

虹始めて見る

【にじはじめてあらわる】

春には恵みの雨が多く降りますが、雨が一息ついて、初めての春の虹を見ることのできる時期。虹は、太陽の光が空気中の水滴に屈折してできます。水滴が大きいほど鮮やかになるので、大雨のあとほど美しい虹が見られる期待が高まります。

猫はふつう水がきらいなようですが、家猫は、自分に悪さをしないものであれば、大好きです。子猫のころから、お風呂に入れられていることが多いので、お湯や水には抵抗がないように感じます。

わが家の猫はよく、キッチンの蛇口から、ポトリポトリと落ちる水滴を、飽きもせずにじーっと見つめています。あまりに熱心に蛇口を見ているので、喜ばせてあげようと、さらに水を出してあげました。そのとたん、猫は迷惑そうに退散。気難しい猫に、余計なことをしたと反省しました。

＊旬の野菜＊

みつば

三〜四月が旬。ミツバエンやクリプトテーネンという成分が香りを出し、消化を助けます。

＊季節の草花＊

よもぎ

魔よけとしても知られる野草。よもぎに含まれるクロロフィルには毒を出す働きがあり、その意味でも悪を排するのです。

＊季節の行事＊

イースター（復活祭）

キリストの復活を祝うお祭り。春分を過ぎて最初の満月の次の日曜日に行われます。イースターエッグという、美しく色付けした卵を作ります。

【穀雨】初候
4月20日～24日頃

葭始めて生ず
【あしはじめてしょうず】

「葭」は植物のアシで「葦」とも。昔はどこでも見られ、その生長は自然の移り変わりの合図でした。丈夫で長いアシは、屋根や紙や楽器の材料に使われました。そんなに役に立つのに「悪し」なので、あえて「ヨシ（良し）」と呼んだりもしました。

街に住んでいると、アシは見かけませんが、空き地などの雑草はよく見かけます。ベランダから地上を眺めると、草むらのあちこちに野良猫がいます。草の葉先をシガシガ噛んでいる猫。尻尾を振るわせて用をたしている猫。親にじゃれ、草むらの中を飛び跳ねている子猫……。

そんな景色を毎日楽しんでいたある日、空き地で工事が始まりました。アパートが建つのです。半年後、草むらはなくなり、野良猫たちは……。住宅街のあちこちで、何事もなかったように暮らしています。野良猫さん、がんばれ。

＊旬の山菜＊

こごみ

この時期に採れる山菜で、正式にはクサソテツの若芽のこと。漢字では「屈」と書きますが、これは先がくるくると丸まっている様子が、人が前かがみになっている姿に似ているからです。

＊旬の魚＊

アジ

この時期の魚といえばアジ。焼いても煮ても生で食べても美味しいうえに、お財布にやさしい、魚の万能選手です。ビタミンA、カルシウム、タウリンなどがバランスよく含まれているのもうれしい。

霜止んで苗出ずる

【しもやんでなえいずる】

穀物を潤す雨が降るという、節気「穀雨《こくう》」の二番目の候。ようやく明け方に霜が降りなくなり、種籾《たねもみ》と呼ばれる稲の種が芽ぶきはじめて、青々とした苗が伸びていく時期です。苗代《なわしろ》で二十センチ程度に大きくなるのを待って、いざ田植えに備えます。

忙しい田植えの時期も、もうすぐです。まさに猫の手も借りたいほどでしょうが、貸してくれるはずはありませんね。それどころか、こちらが忙しくしていると、すぐに邪魔をしてきます。

パソコンに向かって、締め切りの原稿を書いていると、キーボードの上で香箱座《こうばこずわ》りをしてしまいます。猫好きな皆さんは、こんなとき、決して猫を押しのけたりしないでしょう。私も仕方なく、お膳の上に紙を広げて、鉛筆で原稿を書きはじめました。すると今度は原稿の上に香箱。結局、立ったまま壁に紙を押し当てて、原稿を書き上げました。

＊旬の魚介＊

サザエ

夏の産卵期を控えたこのぐらいの時期から初夏までが美味しい時期です。刺身や壺焼き、バーベキューなどで。

＊季節の花＊

チューリップ

チューリップといえばオランダを連想しますが、原産地はトルコから中央アジアにかけての地域。日本では富山県と新潟県で栽培が盛んで、この二県で球根の生産量のほぼ百パーセントを占めます。富山県砺波《となみ》市の「となまチューリップフェア」では、七百品種、三百万本のチューリップが咲き誇ります。

【穀雨】末候
4月30日～5月4日頃

牡丹華く

【ぼたんはなさく】

牡丹があでやかな花を咲かせる時期。古代より中国では、牡丹は百獣の王ならぬ「百花の王」、また「花《か》王《おう》」「富《ふう》貴《き》草《ぐさ》」などとも呼ばれて、愛されてきました。この候で春は終わりを告げ、牡丹の花が散る頃、夏を迎えます。

牡丹の花は関係ありませんが、多くの人が悩まされてきた花粉症も、いい加減そろそろ終息してほしい時期ですね。

花粉症は、猫でもなります。近年、猫などペットの花粉症が急増しているそうです。花粉症になると、猫もくしゃみをします、鼻水を流します。家猫なら、空気清浄機を使えば楽になるそうです。獣医さんに診てもらって、抗ヒスタミン剤での治療も可能です。でも、野良猫はそうもいきません。近所に花粉症の野良猫がいます。「ズッズッ」といつも鼻水をすすっています。いつかしら、その猫は皆からこう呼ばれていています。「ズッちゃん」と。

＊季節の行事＊

八十八夜

立春から数えて八十八日目（五月二日頃）のことで、雑《ざっ》節《せつ》の一つ。雑節とは二十四節気・五節句以外で季節の変化の目安になる日のことで、節分、彼岸、土《ど》用《よう》などがあります。八十八夜は春から夏に変わる節目で、農作業にも縁起のいい日。「米」という字を分解すると「八・十・八」になり、気温も適した時期だからです。

＊季節の言葉＊

八十八夜の別れ霜

まれに、この時期になって寒さがぶり返し、降りる霜のことをこう呼びます。

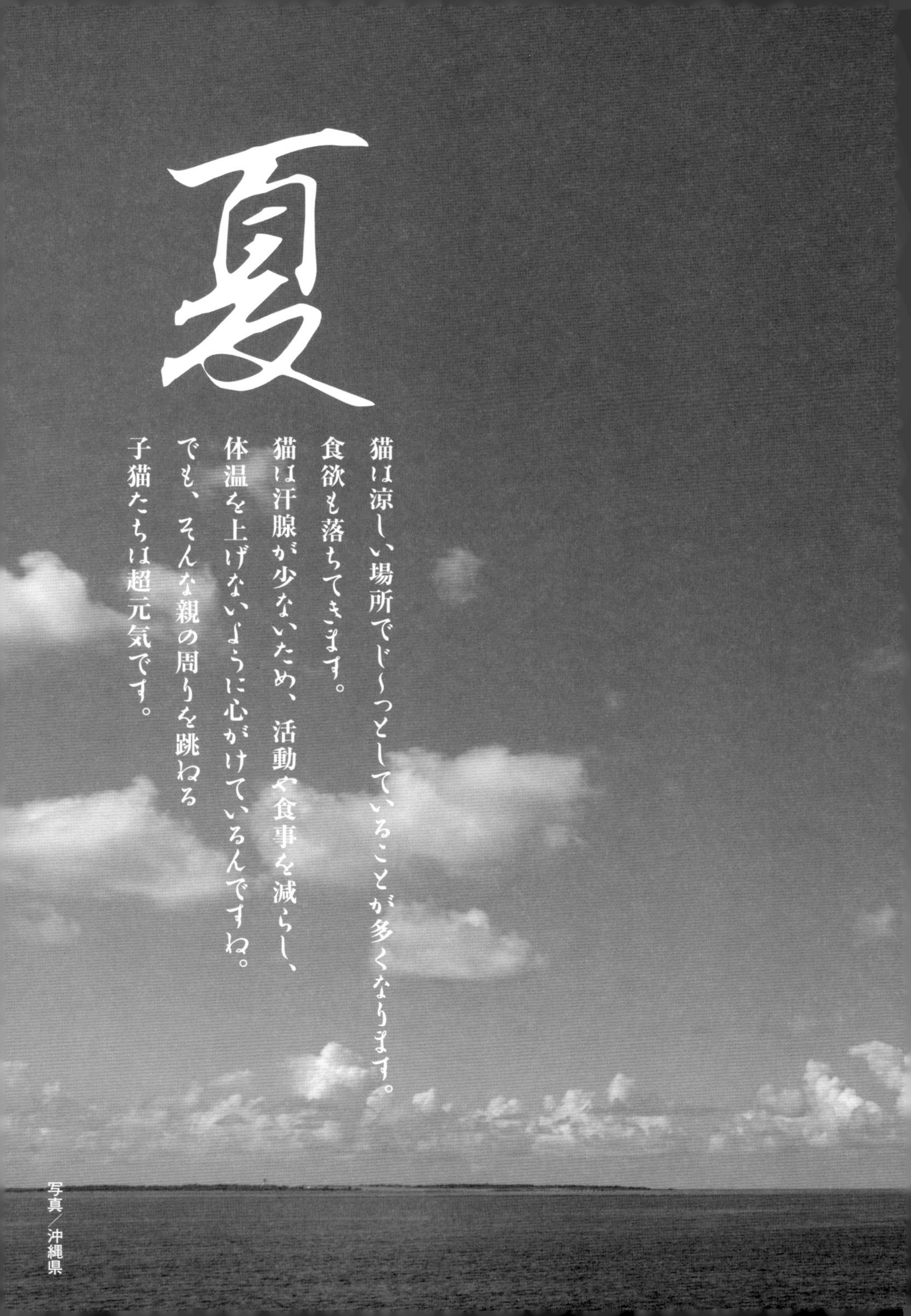

夏

猫は涼しい場所でじ〜っとしていることが多くなります。
食欲も落ちてきます。
猫は汗腺が少ないため、活動や食事を減らし、
体温を上げないように心がけているんですね。
でも、そんな親の周りを跳ねる
子猫たちは超元気です。

写真／沖縄県

【立夏】初候 5月5日〜9日頃

蛙始めて鳴く

【かえるはじめてなく】

節気「立夏《りっか》」の最初の候。暦の上ではもう夏です。寒さでまだ元気のなかったカエルが、暖かくなってきて鳴き声を聞かせはじめる時期。ちなみにカエルの古称である「かはづ」は、もともとは鳴き声の美しいカジカガエルを主に指す言葉でした。

「寝て起きて大欠伸《おおあくび》して猫の恋」一茶。暖かくなってきて、猫も大あくびをする時期です。でも、人間と違って、猫は眠いからあくびをするわけではないそうです。猫がくつろいでいるときに、なでると大あくびをされることがあります。これは「触っちゃダメ！」というメッセージ。怒られたときにするあくび。これは自分をリラックスさせるため。「まだごはんをくれない」など、不満なときにもあくびをします。

猫があくびをしているとき、横から指を入れると、あわててハガハガと甘噛みむしてくれます。これも猫と暮らす幸せの一つです。

＊旬の魚＊

初鰹《はつがつお》

えさを求め、黒潮にのって太平洋岸を北上してくる鰹のこと。脂が少なくさっぱりしているので、たたきが美味。

イシモチ

漢字で「石持」。頭の骨の中に平衡を司る大きな石を持つことから、この名がつきました。煮魚や一夜干が美味。

＊季節の行事＊

端午の節句

五月五日は五節句の一つ、端午の節句。「菖蒲の節句」とも呼ばれ、菖蒲を軒にさす軒菖蒲や、お風呂に浮かべる菖蒲湯などで、邪気を払います。

蚯蚓出ずる

【みみずいずる】

暖かくなり、土の中のミミズも這い出てくる時期。「啓蟄《けいちつ》」の虫に比べて、ミミズは少し目覚めが遅いのですね。ミミズは目が見えないとされていますが、わずかに光を感じる機能はあります。そのため光の方向に向かうことはできるのです。

五月の第二日曜日は母の日。一九〇〇年代初め、母親を亡くしたアメリカの少女の働きかけに由来するそうです。

疲れて寝転んでいると、猫が背中に乗ってきて、前足を交互に動かしてくれることがあります。通称「猫のふみふみ」。猫がマッサージをしてくれているようで、とても癒されます。猫と暮らしているからこそ味わえる、幸せな瞬間の一つです。「ふみふみ」は、子猫が母猫のおっぱいを刺激し、お乳を飲んでいたころの名残だそうです。それなのに、いい歳をした雄猫がゴロゴロいいながら「ふみふみ」。あんまりかわいいので、頭を咬んでやりました。

＊旬の野菜＊

ニンジン

四～七月の「春夏ニンジン」と、十一～十二月の「冬ニンジン」があります。抗酸化作用のあるβカロテンの含有量は、モロヘイヤに次ぐトップクラス。

＊旬の果物＊

イチゴ

イチゴは本来草本なので、果物ではなく野菜の扱い。果物は木になるキイチゴ。でも今はそんな区別はしてないですね。ビタミンCが流れ出ないよう、緑のヘタは取らずに洗いましょう。

竹笋生ず

【たけのこしょうず】

読んで字の通り、タケノコが生えてくる時期。タケノコには、大きくて太い孟宗竹《もうそうちく》と、細めで黒い斑点のある真竹《まだけ》のものの、大きく二種類があります。孟宗竹は三月頃から採れはじめますが、真竹は、この時期が一番よく採れます。

「竹の子に身をする猫のたはれ哉」森川許六《きょりく》。タケノコに身をすり寄せて猫が戯《たわむ》れているよ、という句です。

竹の成長が早いように、猫の成長も早いですね。子猫も半年後には成猫です。子猫と過ごせる時間は貴重です。そこで、子猫の間にいっぱい遊んであげようと、私は鍋つかみを手にはめ、パクパクしながら、いっぱい咬んであげました。子猫は喧嘩相手の鍋つかみに思い切り咬みつき、蹴りをいれます。その遊びで、私の手は咬んでもいいと覚えてしまいました。今では大猫ですが、私の手にじゃれて思い切り咬みます。痛いのなんの、バカなことをしました。

＊旬の花＊

ヒナゲシ

四～六月中旬に、ピンク、オレンジ、白、黄色などの色とりどりの花を咲かせます。英名は「ポピー」。「虞美人草《ぐびじんそう》」とも呼ばれ、夏目漱石の小説のタイトルとしても有名です。

スイートピー

英語では「sweet pea」で「香りのよいエンドウマメ」という意味。エンドウの花と似ているからです。花言葉は「出発」「別れ」「ほのかな喜び」。パステルカラーの可憐な花を咲かせますが、豆やさやには神経毒が含まれているので、食べてはいけません。

蚕起きて桑を食う

【かいこおきてくわをくう】

命が次第に満ちていく「小満《しょうまん》」の最初の候。カイコが桑の葉を食べはじめる時期です。カイコはカイコガの幼虫。高価な絹を産生するカイコは、ずっと人の手で大切に育てられてきたので、今では人の助けがなくては生きられないそうです。

カイコのように、人間に大切にされている猫。猫の好物は魚というのが一昔前の常識でした。でも、猫には好物よりも、健康にいいものを食べさせるのが一番です。猫のごはんについて無知だった頃、竹輪をあげていました。数年後、腎臓病になり、獣医さんから、食事は医療用のドライフードだけと制限されました。それをあげると、なんとも不味そうに食べるのです。申し訳ないことをしたと、胸が痛くなりました。さらに数年後、猫の命がわずかというとき、「もう好きなものを食べていいよ」と竹輪をあげました。ゴロゴロといいましたが、もう食べる力はありませんでした。

＊旬の魚＊

キス

春の終わりから夏の初めのこの時期に食べ頃を迎えます。江戸時代から江戸っ子に愛された魚で、天ぷらもお鮨も美味。カルシウムも多く含まれています。

＊季節の言葉＊

田毎《たごと》の月

段々の棚田の数だけ浮かぶ月。そういう月の風景のことをいいます。「田毎の月」は、俳句では秋の季語ですが、実際にきれいに見られるのは、水田に水が張るこの季節。特に、長野県千曲市にある姨捨《おばすて》は、田毎の月の名所として名高い場所です

【小満】次候
5月26日〜30日頃

紅花栄う
【べにばなさかう】

ベニバナが盛んに咲く時期。花の色は黄色ですが、紅色染料の原料になるので「紅花」という漢字が当てられています。黄色い花を水につけて発酵・乾燥させることをくり返すうちに、見事な赤色になっていきます。

散歩の帰り道、このへんの野良猫のボス、大猫のシロと出会いました。顔を見ると、赤いものが見えます。それは血でした。全身真っ白なので、赤いものがついていると、ものすごく目立つのです。ちょっと辛そうです。雄猫同士の縄張り争いでケガをしたのでしょうか？　それとも鋭いものに触れたのでしょうか？　原因は何にしろ、心配になります。獣医さんに連れて行きたいと思いましたが、ご存じの通り、野良猫を捕まえるのは不可能です。コンビニで唐揚げを買って、シロにあげました。それはシロのためというよりも、私の気をすませるためでした。シロ、ごめんね。

＊旬の野菜＊

シソ

体を温めたり、殺菌効果や、花粉症を軽くする働きもあるといわれるシソ。歴史は古く、平安時代から大切にされてきた野菜です。

＊季節の行事＊

潮干狩り

「貝拾い」「貝掘り」とも。春の大潮の頃が大漁と、昔は旧暦三月三日（今の四月上旬）の恒例行事でした。でも今行うなら、もう少し暖かくなってきたこの頃が適しています。採れた貝は四〜五時間砂抜きをしたら、新聞紙でくるんで冷蔵庫で保管を。新鮮なまま食べられます。

麦秋至る

【むぎのときいたる】

麦が実り、収穫が始まる時期。ここでいう「秋」とは「実がなる時期」という意味。麦は冬に種をまいて、この時期に実りの「秋」を迎えるのです。晴れ間が続く梅雨入り前の貴重な時期なので、農家の人は麦の刈り入れに忙しく過ごします。

もうだいぶ以前、都内の住宅地に住んでいた頃の話です。マンションの前に麦畑がありました。大家さんはこの辺りの大地主でした。麦畑が明るい陽を浴びながら波打っています。その景色にうっとしているときです。突然、大きな白いウサギが麦畑の間を跳ねていきました。「えっ!?」と思った瞬間、今度は猫が麦畑の間を横切りました。猫がウサギを追いかけているのです。ウサギは猫の倍ほどの大きさがありました。ウサギは逃げ出したペットだったのでしょうか？　追いかけっこはどうなったのでしょうか？　数十年経った今でも、心に引っかかっている光景です。

＊旬の果物＊

サクランボ

この時期から食べ頃を迎えます。漢字で書くと「桜坊」。出回っているのはほとんどセイヨウザクラという桜の果実です。葉酸やビタミンCが多く含まれ、疲労回復や美肌にも役立ちます。

＊季節の言葉＊

麦嵐《むぎあらし》

黄金色の麦畑に吹き渡っていく、この時期の風のこと。実りの秋という意味で「麦の秋風」とも呼ばれます。この風がやむ頃になると、麦は刈り取りの季節を迎えるのです。ちなみにこの時期に降る雨は「麦雨《ばくう》」と呼ばれます。

蟷螂生ず

【かまきりしょうず】

稲や麦など穀物の種をまく時期という意味の「芒種《ぼうしゅ》」最初の候。カマキリが生まれる時期。前の年の秋に草や家の壁に産みつけられた卵から、小さな赤ちゃんカマキリが何百と生まれます。カマキリは、稲や野菜の害虫を食べてくれる益虫です。

室内猫は、めったに虫を見られないので、見つけたときはもう大興奮。カマキリはさすがに室内には現れませんが、蜘蛛、コバエ、なかでもやっかいなのは、たいていの人が大嫌いなあの黒い虫……。ところが、これが猫にはかっこうの遊び相手です。素早く動き回るあやつらは、猫の狩猟本能をこれでもかと刺激します。追いかけ回したり、手でチョンチョンといじったりと夢中。その程度なら、なんとかかんとか見逃せます。ところが滅多にないことですが、中には……！　そやつが駆除剤のホウ酸団子などを食べていたりすると、猫にも悪影響があるので要注意です。

＊季節の花＊

紫陽花《あじさい》

鎌倉時代までは、紫陽花は野に咲く花でした。今のように庭に植えられるようになったのは、江戸時代からです。

＊季節の言葉＊

薬《くすり》降《ふ》る

六月上旬の一日（旧暦の五月五日）を「薬《くすり》日《び》」、この日に雨が降ることを「薬降る」といいます。この日の雨は、神の力が宿った神聖な雨。竹のふしにたまった雨水は「神水《しんすい》」といい、飲むと薬になるといわれました。悪魔がやってくる日ともされ、厄除けの薬をつるしたり薬草を取ったりする慣わしもあります。

腐草蛍と為る

【ふそうほたるとなる】

腐った草がホタルに生まれ変わるという意味。梅雨の最中は雨に濡れた草も腐るほど。一方、ホタルが飛びはじめる季節でもあります。腐った草がホタルに変わると考えることで、昔の人はジメジメしたこの嫌な季節を受け入れようとしたのかも。

雨の降り続くこの季節も、家の中で猫と遊べると思えば楽しいもの。

ある雨の日、お腹がいっぱいになって、ウトウトしはじめた猫に、猫じゃらしのおもちゃでちょっかいを出しました。猫は迷惑そうにつき合ってくれました。横からツレアイがいいました。「ダメだよ、猫で遊んじゃ。猫と遊ぶならいいけどね」。確かに「猫と遊ぶ」と「猫で遊ぶ」は大違いです。猫に失礼なことをしたと反省しました。それからというもの、猫で遊ぶことはしないようにしました。でも、猫に遊ばれるのは大歓迎です。ゴロゴロ。

＊旬の野菜＊

ミョウガ

漢字では茗荷。昔、釈《しゃ》迦《か》の弟子に、自分の名前を忘れるほど物忘れがひどい人物がいました。彼が亡くなった後、お墓に生えた「彼の名を荷物に負って生えてきた植物」ということで、茗と荷の字が当てられたそうです。

＊季節の虫＊

ホタル

日本には数十種類のホタルがいて、すべてが光るわけではありません。成虫の期間は約一週間。その間、パートナーを探して光を発しながら飛び回ります。その幻想的な光景を楽しむ「蛍狩り」は初夏の風物詩。

梅子黄なり

【うめのみきなり】

梅の実が黄色くなって熟する頃。「梅雨」の語源には、「梅が熟する時期の雨」だからという説もあります。そろそろ梅仕事を始めましょう。青い梅は梅酒に、熟してきた実は梅干しに、完熟した実は梅ジャムに向いています。

食べているものを猫がほしがると、ついあげたくなってしまいます。でもそれは禁物。猫の体に悪さをする食べ物もあるからです。ところが、子どもの頃は猫可愛さについあげてしまいました。その頃のことです。妹がおせんべいを食べていました。それを見た猫、ニャーニャーとせがみます。妹は食べかけを口から出し、猫の前に置いてあげました。猫は顔を近づけ、しきりに匂いを嗅いでいます。猫、眉間にしわを寄せながら、くるりとそれに背を向けました。次の瞬間、突然、畳の上を両足で交互に蹴りはじめました。猫のウンチと勘違いして埋めようとしていたのでした。

＊旬の魚＊

スズキ

焼いてよし刺し身でよし、の白身魚の代表格。六～八月が旬です。関東ではセイゴ↓フッコ↓スズキ、関西ではセイゴ↓ハネ↓スズキと、成長につれて名前が変わる出世魚です。

＊季節の行事＊

山王祭《さんのうまつり》

東京の日枝《ひえ》神社で、六月十七日より行われるお祭り。将軍徳川家光の時代には、江戸城内に入ることを許された天下祭りでした。あまりに華やかだったため、その後倹約の意味も込めて、神田《かんだ》祭《まつり》と毎年交互に行われるようになりました。

乃東枯れる
【なつかれくさかれる】

一年でもっとも昼が長く夜が短い「夏至」最初の候。「乃東」は夏枯草、ウツボグサの古名。冬至の頃に芽を出して、夏至の頃に紫色の花を花穂《かすい》にいくつも咲かせます。それが黒ずんで枯れたように見えることが印象深く、この名が付けられました。

ウツボグサの黒ずんだ花穂は、乾燥させて漢方の生薬に使われます。漢方薬は、正しく服用すれば猫にも効果があります。でも、猫に薬をあげるのって難しいですね。警戒して口を開けてくれません。飲ませるにはいくつかのコツがあります。まず、テーブルなどに乗せて逃げられなくします。それから猫の後ろにまわり、手で頬骨を押さえて顔を上に向けると、口が少し開きます。それをこじあけて、サッと薬を入れます。さらに簡単な方法は、指で猫の鼻をふさぐことです。鼻をふさがれると、口を開けてくれるのです。

＊旬の魚＊

鮎
日本の夏を代表する川魚。塩焼きでも天ぷらでも美味。鮎釣りの解禁は六月です。

＊季節の言葉＊

流し
この時期に、房総半島や伊豆半島にかけて吹く湿った南風のこと。梅雨の時期に吹くので、湿気をたっぷり含んでいます。九州などでは、時に梅雨そのものを「流し」と呼ぶこともあります。また、茅葺《かやぶ》き屋根の材料となる茅草の花穂「茅花《ちばな》」を揺らす流しを、特に「茅花流し」と呼んだりもします。

菖蒲華く
【あやめはなさく】

「いずれアヤメかカキツバタ」と美人のたとえにも使われるほど、美しいアヤメの花が咲き誇る頃。「菖蒲」は花ショウブのことで、いつかアヤメと混同されました。端午の節句のショウブは、サトイモ科の別の植物です。

どちらがアヤメかカキツバタか、といえるほどの美形姉妹猫を飼っていたことがあります。ある日、姉猫の目前で、妹猫が車にはねられ天国へ。それ以来、姉猫は絶対に家の外に出ようとはしなくなりました。この猫にはさらにもうひとつ、今までの猫にはない特徴がありました。一番なついている母の肩に手を置き、耳元に顔を近づけ、「にゃん、にゃん、みゃう……」と、囁くような優しい声で内緒話をするのです。もしかしたら、「みゃう～……妹がいなくなってさびしいよ」、そんな話を母に聞かせているのかもしれない。そう思うと、突然目頭が熱くなりました。

＊旬の魚＊

カンパチ
ブリの仲間で、体長一・五メートルになるものも。カンパチという名は、顔を正面から見ると、八の字形の太い線があることから。出世魚としてブリになる過程と思っている人もいるかもしれませんが、それは間違い。出世魚には違いないのですが、ショッコ→シオゴ→アカハナ→カンパチと名前を変えます。

＊季節の行事＊

夏越《なごし》の祓《はらえ》
半年に一度の穢《けが》れを祓《はら》う、六月末日の行事。多くの神社で、茅草《ちがや》で作った輪をくぐる茅《ち》の輪《わ》くぐりが行われます。

半夏生ず【はんげしょうず】

「半夏」はカラスビシャクという薬草のこと。この時期に、緑の葉を半分白くして地味な花を咲かせます。この葉が目立つ頃の半夏は農作業の大事な節目とされ、遅くともこの時期までに田植えを終えることとされていました。

昔の田植えは、手作業で苗を水田に次々と差し込んでいました。その動作を延々とくり返します。猫もそんな、同じ動作のくり返しが得意。ティッシュの箱があると、熱心に一枚一枚取り出します。叱らないで黙っていると、飽きずに延々とくり返します。

ある日、猫を飼っている友人が帰宅し、ワンルームマンションのドアを開けたところ、部屋中がティッシュで埋め尽くされていたそうです。ティッシュの山の中から、猫が「ニャー」とお帰りの挨拶。その猫、友人の留守中、トイレットペーパーを全部引き出した前科もあるそうです。

＊旬の魚介＊

タコ

関西ではこの時期、タコを食べる習慣があります。もともとは、田植えを終えた農家が、この時期に神様に捧げた食べ物がタコだったことからだといわれます。タコに含まれるタウリンは、体を正常な働きに戻す作用があります。

＊季節の行事＊

祇園祭《ぎおんまつり》

日本三大祭の一つ、京都市の八坂《やさか》神社の祭礼で、七月一日から一か月も続きます。平安時代、疫病が流行った年に、人々の健康と無事を祈って始められたのが起源といわれています。

温風至る

【おんぷういたる】

節季「小暑《しょうしょ》」の最初の候、夏に向かっていく時候です。日に日に気温が上がっていくのが感じられます。年によって異なりますが、九州南部では、梅雨明けもそろそろ。そして、梅雨明けのこの頃に吹く南風を「白南風《しらはえ》」とも呼びます。

「ちらちらと陽炎《かげろう》立ちぬ猫の塚」夏目漱石。亡くなった愛猫の墓にちらちらと陽炎が浮かび上がっているよ、という句です。以前、ちょうどこの頃の時期に、十三年間一緒に暮らしていた雄猫が亡くなり、初めてペット霊園を利用しました。深い天、濃い青、そこに白い煙が火葬場の煙突から漂っていきます。煙が薄らぐとともに、猫が見えない世界に戻っていったのだと実感しました。数年後、バスに乗っていると、そのペット霊園の看板を見かけました。「天国へ行っても、ずっと仲良しだね」と書いてあります。胸が熱くなりました。

＊旬の魚＊

ハモ

関東では高級食材のイメージですが、関西では一般の食卓にも登場します。夏の時期、京都では特にハモを食べる習慣があるので「祇園祭りはハモ祭り」とも。小骨が多いので「骨切り」という包丁を入れる作業で食べやすくします。コンドロイチンが豊富で、老化防止というされしい効果も。

＊季節の行事＊

七夕《たなばた》

五節句の一つ。旧暦七月七日の行事でしたが、新暦でも同じ日に行われます。「しちせき」とも読み、もともとは中国の行事です。

蓮始めて開く

【はすはじめてひらく】

蓮の花が開きはじめる頃。蓮の花は「蓮華《れんげ》」ともいい、仏教でも重用されている聖なる花。深夜に闇の中で開き始めて、明け方に完全に開き、そして昼を越えると閉じてしまいます。これを三回くり返し、四日目に散る、はかない花でもあります。

猫も蓮のように、明け方に開花（？）します。夜明け、胸苦しさに薄目を開けると、猫が布団の胸元にどっしりと座っています。真面目な顔をして、私の顔をじーっと見つめています。ごはんの催促です。まだ眠いので、無視して寝ているふりをしました。すると作戦を変え、爪を立てた前足で私の顔を軽く引っかきはじめます。それでも起きないと、私は悲鳴を上げることになります。鼻を思い切り咬まれるからです。でも、最近はそんなこともなくなりました。なぜなら、情けないことに、私が歳をとってきたので、猫よりも早起きになってしまったのです。

＊旬の野菜＊

ニンニク

旬は六〜八月。夏バテによく効きます。独特の臭いはアリシンという物質。抗菌作用やビタミンB_1の吸収を助ける働きもあります。

＊季節の行事＊

海の日

毎年、七月の第三月曜日にあてられます。法律によると「海に感謝するとともに、海の国である日本の発展を願う日」。祝日化される前は、この日に明治天皇が航海をしたことから作られた「海の記念日」という記念日でした。

鷹乃学を習う

【たかすなわちわざをならう】

幼い鷹が飛ぶことを覚える時期。訓練した鷹を使って、追い込んだ獲物を捕まえさせる「鷹狩り」があるほど、鷹は昔から人間とのかかわりが深い鳥。雛は五～六月頃に生まれて、ひと月ほどで狩りを覚え、この時期に巣から飛び立ってゆきます。

近所の野良猫たちが、定期的に子どもを産みます。ある日、草むらの中に何か跳ねているものがあります。よく見ると、子猫が何匹もいたりします。みんな母猫に甘えています。私が近づくと、子猫たちは一瞬で姿を隠しますが、母猫は逃げず、こちらをじっと睨《にら》んでいます。子猫たちがちょっと大きくなると、母猫は子猫たちを威嚇《いかく》して、もう近寄らせません。寂しそうな子猫が気の毒です。ところが、しばらく経つと、その元子猫が子猫を生んでいます。体つきはまだ子猫なのに、しっかりしたお母さん顔になっています。

＊旬の野菜＊

トウモロコシ

夏休みに入る直前のこの辺りの時期から、ぐっと美味しくなってきます。縁日で売っている焼きトウモロコシの、しょう油の焼ける匂いもたまりませんね。ヒゲが多くてその先が茶色いものが、粒がそろっていて甘いとされています。

＊季節の言葉＊

山背《やませ》

三陸地方で吹く、夏の湿った東北の風のこと。特に、梅雨明けの冷気を指す場合が多い風です。山背が長く吹くと、稲が育たずに、東北地方に凶作をもたらしてしまいます。

桐始めて花を結ぶ

【きりはじめてはなをむすぶ】

「花を結ぶ」とありますが、桐の実がなりはじめるという意味。梧桐《あおぎり》の花が咲く時期だからという説もあります。桐は聖なる木とされ、重厚で由緒ある場面で登場します。日本政府の紋章にもなっていますし、五百円玉にも描かれています。

桐の木は縁起がよく神聖なものだそうですが、私にとっては、まさに猫がそんな存在です。以前一緒に暮らしていた猫のまるおが天国へ旅立つその日、静かに横たわっているその姿には、あるひとつの品性が漂っていました。それは私に、質の高い精神というものを、考えさせてくれました。ヒトも動物も、命の水源は同じだと……。猫が旅立って一年ほどが過ぎ、私の心の涙も乾いた頃、それまで仕事上で不遇だった私が、不思議とよい仕事の縁を得るようになりました。猫のまるおが、見えない世界から、その縁を起こしてくれたのだと私は信じています。

＊季節の行事＊

土用《どよう》の丑《うし》の日

夏の土用は立秋前の十八日間のこと。丑の日は、日にちに割り当てられている十二支が「丑」の日のこと。土用入りの七月二十日頃から、土用明けまでの間の丑の日は、年によっては二度あることもあります。

じつは、脂がのっておいしくなる天然鰻の旬は冬。この日に鰻を食べるのは、夏に売り上げが落ち込む鰻屋から相談された、江戸時代の発明家・平賀源内の提案。この提案は大当たりするのですが、この時期、ビタミン豊富な鰻は、体力の減退を防ぎ夏バテ防止によいのです。

土潤いて溽暑し

【つちうるおいてむしあつし】

むわっとした熱気がまとわりつく、蒸し暑い頃です。「溽暑《じょくしょ》」とは蒸し暑いことの表現。「猛暑」「炎暑」「酷暑」などと同じです。打ち水、風鈴、すだれ、扇子、団扇《うちわ》などを上手に使って、体調を崩さないように注意したいものです。

猫は、本来は暑さに強い動物。とはいえ家猫は、熱中症になってしまうこともあるので注意が必要です。

猫は汗で体温調節をすることができませんが、ただ一か所、肉球には汗をかきます。肉球といえば、スーパーボール投げが大好きな猫がいました。投げてあげるとダッシュして追いかけ、くわえて戻ってきます。「もう一度投げて」と私の足元に落とします。それを何度もくり返すと、しまいに、肉球が汗でびっしょり。フローリングの廊下に猫の足跡の形が点々と光っていました。私の中に残っている、猫と夏の光景のひとこまです。

＊旬の野菜＊

キュウリ

インドでは三千年も前から栽培されていた記録もあるほど、歴史のある野菜。見た目も味も栄養価もよく似た野菜にズッキーニがありますが、キュウリはウリ科、ズッキーニはカボチャ科です。

＊季節の行事＊

ねぶた祭り・ねぷた祭り

八月初旬に青森県各地で行われる祭りで、「佞武多」とも。扇型の巨大灯籠《とうろう》に「ヤーヤドー」という掛け声の弘前ねぷた、武者などの人形型の灯籠に踊り手のハネト（跳人）、「ラッセ（ラ）ー」などの掛け声の青森ねぶたが有名です。

【大暑】末候 8月2日〜6日頃

大雨時行る
【たいうときどきふる】

蒸し暑い中、突然涼しくなったかと思うと、激しい雨がザーッと降ったりする頃。雨といえば、弾丸のように降る雨は「鉄砲雨」、滝の水のように降るのは「滝落とし」、真っ白に見えるように降るのは「白雨《はくう》」。夏の最後の候、もうすぐ秋です。

朝から雨が降り続いています。こんな日には食べ物を探すのも大変だろうと、猫のたまり場にごはんを持っていってあげました。猫たちに「チッチッチッ」と合図をしても反応なし。まるで世界から猫が消えたかのような静けさです。やむをえず、なるべく濡れないところにごはんを置いてあげました。たぶん軒下などで雨宿りしているはずと、駐車場の車の下などを覗いてみましたが、誰もいません。ところが、数分後さっきのところに戻ると、ごはんはすっかり消えていたのです。猫は謎です。でも、そんなミステリアスなところが気に入っています。

＊旬の果物＊

スイカ

この時期にたまらない、冷えたスイカの味。多くのミネラル類が含まれていて、夏バテ気味の体を元気にしてくれます。スイカは漢字で「西瓜」。西域のウイグル地域から伝わってきたため、こう書くのです。

＊季節の言葉＊

蟬時雨《せみしぐれ》

時雨は、秋から冬にかけて一時的に降ったりやんだりする雨のこと。夏にたくさんのセミがいっせいに鳴き立てる声を、時雨の音にたとえた言葉です。

秋

涼風が漂い始め、猫の食欲もおう盛になってきます。
猫にとっても飼い主にとっても、
いちばん過ごしやすい気候ですね。
とはいえ、朝晩は冷え込むこともあります。
そんなとき、猫が膝の上に乗ってきたりする
うれしい時期です。

写真／青森県　蔦沼

涼風至る

【りょうふういたる】

節気「立秋《りっしゅう》」の最初の候です。まだまだ暑さは厳しいですが、暦の上ではもう秋。朝方や夕方に一瞬、涼しい風が吹き始め、ほんの少し秋の気配を感じることができます。暑中見舞いは、この時期から残暑見舞いになります。

暦の上では秋の始まりとはいえ、まだまだ猛暑。私は暑さに弱いので、クーラーが欠かせません。ある日の昼下がり、冷房を効かせた居間で心地よく涼んでいました。にもかかわらず、しばらくすると、耐え難い暑さになってきました。クーラーを見上げると、確かに音を立てて動いています。「あっ！」。いつの間にか襖《ふすま》が十センチほど開いていて、そこから熱風がじわじわと入り込んでいたのです。犯人はツレアイです。そうでした。わが家には、猫がいつでも部屋を出入りできるよう、襖やドアは必ず十センチ開けておく法律があったことを忘れていました。

＊旬の果物＊

桃

夏の走りや秋の涼風の桃も美味ですが、まだ暑さ厳しいこの時期に食べる、よく冷えた桃は何ともいえない美味しさ。八月九～十日は、「八・九・十＝は・く・とう」の語呂合わせから岡山市が制定した「白桃の日」。

＊季節の言葉＊

金風《きんぷう》と白風《はくふう》

陰陽五行説では、秋の季節は金に当てられることから、秋に吹く風を「金風」。また、秋の色は白とされているので「白風」ともいいます。どちらも秋の季語です。

寒蟬鳴く

【ひぐらしなく】

「寒蟬」とは、ヒグラシやツクツクボウシなど、涼しくなってきた秋に鳴くセミのこと。ヒグラシは林などのやや薄暗いところを好み、早朝や夕暮れの薄明かりの中で「カナカナカナ」と鳴きます。別名カナカナゼミとも呼ばれます。

団地の階段の踊り場に、裏返しになったセミがいました。触ると「ジ！」といっただけで、まったく動きません。猫のお土産にすることにしました。室内猫に、セミと遊ぶ体験をさせてあげたかったのです。猫の前にセミを置いてあげました。ところが、興味なさそうに眺めるだけです。連日の猛暑で、猫の好奇心もぐったりしていたようです。猫の大喜びを期待していた私はガッカリしました。え、それって少しヘンです。そうか……、私は猫のためではなく、自分が喜ぶためにセミを拾ってきたのです。窓から放すと、「ジジ」と飛んでいきました。セミさん、ごめんね。

＊季節の行事＊

精霊流《しょうろうなが》し

長崎県などで行われる、死者の魂を送るための伝統行事。初盆を迎える家族が、故人の霊を弔うために手作りの船を作り、道を清めるための爆竹の音が鳴り響くなか、船をひいて町を練り歩き、港から海に流します。

阿波踊り

「踊る阿呆《あほう》に見る阿呆」で知られる、日本三大盆踊り（他は秋田県の西馬音内《にしもない》盆踊りと、岐阜県の郡上《ぐじょう》おどり）のひとつ。本場・徳島市の阿波踊りの歴史は四百年以上といわれます。毎年八月十二〜十五日の月遅れ盆に行われます。

【立秋】末候
8月18日～22日頃

蒙霧升降す

【もうむしょうごうす】

「蒙霧」とはもうもうと立ち込める濃い霧のこと。日中の残暑は厳しいですが、朝晩には霧が立ち込め、ひんやりとした涼しさを感じます。霧は、空気中の水蒸気が急に冷やされ、水滴になって漂っている状態。同じ現象を春には「霞」といいます。

まだ日も昇らない早朝、暑さでふと目が覚めました。廊下へ出ると、すでに起きていた猫が、居間の網戸越しに外を眺めています。猫は私に気づくと、目で「ベランダに出せ」と指示してきました。以前、ベランダから階下に脱走した前科があるので、リードをつけて出してあげました。

猫は横座りして目を細め、朝の冷たい空気を味わっています。そんな猫の横にしゃがみ込み、夜明けの空を眺める。お互いに一言も交わさないまま、まだ世の中が動き出す前の静寂なひとときを共有します……。今日も猛暑かな。

＊旬の魚＊

イワシ

漢字では「鰯」。イワシの名の由来が「弱し」で、弱の漢字が当てられました。しらすはカタクチイワシの稚魚です。

＊季節の花＊

ひまわり

漢字では「向日葵」「日車」「日向」。花言葉の「あなただけを見つめる」は、いつも太陽を向いているひまわりが、好きな人を見つめ続ける姿に似ているからとも、太陽神アポロンに恋した海神の娘クリュティエが、失恋してもずっと天上を見つめ続け、ついにはひまわりの花になった伝説からともいわれます。

綿柎開く
【わたのはなしべひらく】

節気「処暑《しょしょ》」の始まり。「処」には「止む」という意味があり、暑さがやんでくる頃です。「綿柎」は綿の花のガクのこと。これが開くと、中から綿毛が飛び出してきます。綿花は貴重で、先人たちは綿の実が開くのを喜びました。

暑さが少し和らいでくる時期ですが、夏の疲れがたまって、人間も猫も夏バテを起こしがち。猫は涼しい快適な場所を探す名手とはいえ、様子をよく観察するなど注意が必要ですね

まだまだ残暑が厳しい八月終わりのある日、猫の姿が見当たりません。名前を呼んで探しまわっても反応なし。わが家の法律で、押し入れの襖《ふすま》が十センチ開いていています。まさかと思いながら襖を開けると、暑苦しい冬布団の上で、猫が背中を向けて眠っていました。触ると毛がホコホコ。なぜかゴロゴロと喜んでいます。いったい何を考えているのでしょう？　熱中症になっても知らないよ。

＊旬の果物＊

スダチ

徳島県原産の果実で、生産量のシェアも徳島県がほぼ百パーセント。果汁をポン酢に合わせたり、焼き魚にかけたりしていただきます。ビタミンCやクエン酸が豊富。

＊季節の行事＊

おわら風の盆

九月一〜三日に富山県八尾《やつお》で行われる盆踊り。越中おわら節の哀切感に満ちた調べに乗せて、情感豊かに踊りながら町を練り歩きます。江戸の元禄の頃に始まったといわれ、今では台風の多いこの時期に、作物を守り豊作を祈願する意味が込められています。

おつかれさま

【処暑】次候
8月28日〜9月1日頃

天地始めて粛し

【てんちはじめてさむし】

ようやく暑さが少し収まってきます。「粛」はちぢむという意味。涼しくなることを、暑さが縮まって弱まるという言い方で表しました。秋雨前線が北から冷たい空気を連れてやって来る時期。夏から秋へと、自然のすべてが変化していきます。

マンションの窓から見下ろすと、公園があります。夏休み、小学生の子どもたちが、ベンチに座ってゲームをしています。大声を上げながら追いかけっこをしているグループもあります。中学生は男女に分かれ、それぞれ輪になって笑い声を上げています。夕方には、高校生らしき男女がヒソヒソと立ち話をしています。夜になっても人の姿は消えません。とにかく朝から晩まで賑やかです。

この賑わい、じつはちょっと迷惑です。なぜなら、この夏休みの時期、公園から野良猫たちの姿がいっせいに消えてしまうから。でも、明日から二学期、また猫たちの姿が見られるはずです。

＊旬の魚＊

ハゼ

秋から冬が旬。手軽に釣れる魚としても知られています。ハゼがどんな餌でもすぐ食べることから できた言葉が「ダボハゼ」。

＊季節の言葉＊

野分《のわき》

立春から数えて二百十日目、九月一日あたりは「二百十日」と呼ばれる雑節《ざっせつ》の日。この時期は台風が多く、農作物に注意が必要なことから言い継がれてきました。そして台風のことを、昔は「野分」といいました。

禾乃登る

【こくものすなわちみのる】

稲が実り穂を垂らす頃。「禾」は、稲が実って頭を下げている様子をそのまま字にした象形文字です。稲は田植えから約百日で穂を出し、それからひと月もかからずに、米の粒を実らせます。実った稲を刈り取る大切な時期でもあります。

マンションの一階に住んでいたときの話です。いつの間にかその辺りに出没しはじめた野良猫に、えさをあげるようになりました。その猫がある日、わが家のベランダに三匹の子猫を運び込み、子育てを始めたのです。まだ目も開いていない子猫です。私とツレアイは、せっせと猫たちにえさをあげ続けました。ほどなく、それが家主にばれ、えさやり禁止のお達し。えさをせがんで鳴く猫たちを、無視せざるをえませんでした。ある夜、猫たちが生のサンマを食べていました。母猫が近所の家から盗んできたのです。母猫の必死な愛情に胸を強く打たれました。

＊旬の魚＊

サンマ

「秋刀魚」と書くだけあって、秋に脂がのって美味しいサンマ。栄養も豊富で、食べると元気になることから「サンマが出ると按摩《あんま》が引っ込む」ということわざもあるほどです。

＊旬の果物＊

イチジク

不老長寿の果物として、六千年以上も前からギリシアなどで栽培されていました。この頃から甘さが増し、ねっとりと美味しくなります。カリウムやペクチンが豊富で、血圧を下げ、整腸作用もあります

草露白し
【くさつゆしろし】

節気「白露《はくろ》」の最初の候。暑さも収まり、草の上の朝露が白く光る時期。月が美しく見える頃なので、月に照らされて光る夜の露を「月のしずく」と呼んだりもします。他にも、この時期の露の美しさは、よく花や宝石にたとえられます。

九月九日は重陽《ちょうよう》の節句。お祝いで菊を浮かべた日本酒（菊酒）を飲むこともあります。猫には関係ない話ですが。

猫に与えると、酔っ払ったようになるのがマタタビです。わが家の猫が元気のないとき、猫のためにマタタビをあげたことがあります。……すいません、ウソをつきました（汗）。私の好奇心のためでした。マタタビが本当に効くのか試したかったのです。マタタビの粉をなめた猫、数秒ゴロゴロいっただけ。たいした効き目はありません。猫によって効き方が違うようです。がっかりしている私を見て、ツレアイがひと言「猫で遊んじゃだめ」。反省（汗）。

＊季節の草花＊

秋の七草

ハギ、ススキ、クズ、ナデシコ、オミエナシ、フジバカマ、キキョウ。同時に咲くのではなく、秋が深まりながらそれぞれが花開いていくのが秋の七草の特徴。もともと春の七草は「七種」と書き、七草とは秋の七草だけを指すものでした。

＊季節の行事

重陽の節句

九月九日は、「九」という、もっとも大きい「陽（奇数）」の数字が重なる日で、重陽の節句。健康長寿を願う日で、旧暦では菊の咲く時期のため「菊の節句」とも呼ばれます。

鶺鴒鳴く
【せきれいなく】

セキレイは、神話のイザナギとイザナミが恋をするときに動きをまねた鳥。そこから、今でも縁結びの鳥、恋の鳥と呼ばれています。スズメより少し大きくて、細い体と長い尾が特徴。「チチチチ」というきれいな声は、秋の風情にぴったり。

月がきれいに見える時期でもありますね。月の神秘的な呼び方に「ルナ」という言葉があります。そこから、「妖しい」様子を「ルナティック」といいます。猫は、まさに妖しさのかたまりです。

こんな都市伝説があります。真夜中、誰もいない部屋で猫が夜空を見つめています。突然、月光が猫を照らします。すると、猫が立ち上がり、静かに踊りはじめたのです。偶然それを見かけた飼い主、猫と視線が合いました。それに気づいた猫、バツが悪そうに座り直し、飼い主に背を向け、何事もなかったように月を見上げていたそうです。

＊旬の果物＊

ブドウ

ブドウの品種は多く、一万以上もあるといわれます。房の上のほうが甘いので、下から食べていったほうが、いつまでも甘みを感じることができます。

＊季節の行事＊

十五夜

旧暦八月十五日の満月を「中秋の名月」、その夜を「十五夜」といいます。収穫したサトイモを供えることから「芋名月」とも。また、十五夜が月に隠れて見えないことを「無月《むげつ》」、雨が降ることを「雨月《うげつ》」といいます。なんとも風情のある呼び名です。

玄鳥去る【つばめさる】

一瞬の肌寒さを感じる頃になり、夏に渡ってきたツバメが、子育てを終えて暖かい南の国へと帰っていく時期。帰る地は東南アジアやオーストラリアなどさまざま。そこまでの距離は数千キロと長いので、一日三百キロ以上も飛ぶツバメもいます。

昔、貧しい村では老人を山に捨てる風習がありました。ある老婆、息子がそんなことはできないと嘆いているのを知り、自ら山に連れて行ってくれと頼みます。姨捨山《おばすてやま》という悲しい伝説です。

日本は超高齢化社会を迎えています。猫も高齢化しています。二十歳を超えた猫も珍しくはありません。人間なら、百歳以上です。でも、猫の前で、猫が老いたことを口にするのは禁物です。姨捨山のように自ら家を出てしまう、そんな話を聞いたことがあります。ツバメと同じく、猫ももともとは住処を替える動物だということも、関係しているのかもしれません。

＊旬の魚介＊

アワビ

高級貝として知られ、旬は八〜十月頃です。刺身、寿司種、ステーキ、蒸し焼き、いずれもよく合いますが、アワビという名はじつは「合わない」から。アワビは、巻貝なのに二枚貝の片側だけに見えるため、閉じない→合わない→アワビ、となりました。

昆布

昆布の旬は七〜九月。約九割が北海道で採れます。採れる場所によって種類が違い、真《ま》昆布、羅《ら》臼《うす》昆布、利尻《りしり》昆布はだしに、日高《ひだか》昆布は佃煮に向くなどの特徴があります。

【秋分】初候
9月23日～27日頃

雷乃声を収む

【かみなりすなわちこえをおさむ】

昼と夜の時間の長さが同じになってくる「秋分《しゅうぶん》」の最初の候。夏の入道雲が消えて夕立ちが収まり、鳴り響いていた雷も声を潜めます。入道雲のかわりに鰯雲《いわしぐも》が広がり、気づけばすっかり秋。この頃の突き抜けるような空を「天高し」と表現します。

「天高く馬肥ゆる秋」。食欲の秋ですね。人はもちろん、猫の食欲も増してくる時期。猫の太り過ぎにも要注意です。

昔、「白」という名の白猫を飼っていました。雪玉ほどの子猫だったのに、いつしか体重七キロの雪だるま猫になりました。肥満は食いしん坊のせいですが、最大の原因は去勢です。白は私にブラッシングしてもらうのが大好きでした。大猫なので、白い毛がいっぱいとれます。その毛を毎日ためていたら、本当に雪玉のようになりました。直径十センチ以上はあります。白はもういませんが、白の思い出が詰まったその雪玉は、今でも大切にしています。

＊旬の野菜＊

サトイモ

縄文時代から栽培され、ジャガイモやサツマイモが主流となる以前は、イモといえばサトイモでした。品種にもよりますが、秋から冬にかけてが旬。ぬめり成分が免疫力を高めてくれます。

＊旬の果物＊

梨

便秘予防、疲労回復、滋養強壮、むくみ予防など、さまざまな効果がある梨。中国では「百果《ひゃっか》の宗《そう》」つまり果物の王様とされ、薬用として用いられるほどでした。日本では平安時代には「ありの実」と呼ばれていました。

蟄虫戸を坏す

【すごもりのむしとをとざす】

虫が隠れて土の穴をふさぐ、という意味。虫たちが土の中で冬眠の準備を始めます。春の啓蟄《けいちつ》の頃に土から出て活動していた虫たちは、寒くなって再び土の中に戻っていきます。虫たちは、卵、さなぎ、成虫とさまざまな姿で冬籠もりに入ります。

ふだんは呼んでも来ない猫ですが、少し肌寒くなってくると、呼んでもいないのに膝の上に乗ってきたりします。私が突然、猫に気に入られたわけではありません。そんなことは百も承知、二百もガッテンです。私は猫にとって便利な暖房器具になったのです。そのうち、猫がクークーと寝込んでしまいます。隣の部屋でスマホが何度も鳴っています、でも無視。このようなとき、天変地異が起こっても猫をどけてはいけない。それが猫愛好家の厳しい法律だからです。はい、それはいいわけです。こんな機会は滅多にないからです。

＊旬の野菜＊

ナス

夏野菜ですが、晩夏から初秋のこの時期、昼夜の気温差で身が引き締まり、種が少なく皮も薄くなって、美味しさが増します。原産地はインドで、奈良時代に「インド産の紫の瓜」として伝わってきました。

＊季節の花＊

彼岸花

秋のお彼岸の頃、赤やピンクの花を咲かせます。別名は「曼珠沙華《まんじゅしゃげ》」。ほかに「死人花《しびとばな》」「地獄花《じごくばな》」などとも呼ばれます。毒草ですが、球根は毒を除いて非常食としても用いられていました。

水始めて涸る

【みずはじめてかる】

水が涸れるというより田んぼの水を抜いて乾かす、という意味。水田を乾かすのは稲刈りに備えるため。新米の収穫の時期の到来です。稲刈りの前に田の水を抜くことを「落とし水」、稲を刈り取って切り株だけになったものを「刈田《かりた》」といいます。

お米と猫。無関係なようですが、大いに関係があります。昔、私が子どものころ、猫の食事は人間のごはんの食べ残しでした。残った冷やご飯に、やっぱり残ったみそ汁をかけた「猫まんま」が主でした。一九七〇年頃まで、それが日本では当たり前のことでした。肉食の猫に、お米はあんまりです。そして、みそ汁の過剰な塩分は腎臓を痛めます。具のネギは体に悪さをします。いま思うと、本当に気の毒な時代でした。現在は栄養が充分に考えられた、健康的なキャットフードが全盛です。ところで、行儀が悪くて恐縮ですが、私の好物は「猫まんま」です。

＊旬の食べ物＊

新米

収穫したばかりの新米をふっくらと炊き上げて食べるのは、最高のごちそう。甘くてしっとりとした味わいが口いっぱいに広がるのは、秋の幸せのひとつです。新米は水分が多いので、水の量をいつもより少し減らして炊きます。

＊季節の言葉＊

稲《は》架《さ》干し

刈り取った稲の水分を天日で乾かすために、稲穂を束ねて稲架という棒にかけることを「稲架干し」といいます。現在の機械乾燥以前、日本中の田んぼで見られた風物詩でした。

鴻雁来る

【こうがんきたる】

草に冷たい露が宿るという節気「寒露《かんろ》」の最初の候。南へ去ったツバメと入れ替わりに、冬鳥の雁が、群れをなして北から海を渡ってやってきます。太陽や北極星の位置を目印にすることで、迷わずに正確に飛んでくることができるのです。

雁に帰巣本能があるように、猫も、すぐれた帰巣本能を備えています。猫には地磁気を感じる能力があるので、直感的に方向がわかるという説もあります。外国の逸話ですが、避暑地の別荘で行方不明になった猫が、数年後、何百キロも離れた家に戻り、飼い主と奇跡の対面をしたという例があります。飼い主は大感動です。でも、はたして猫も同じ気持ちなのでしょうか？「犬は人に付き、猫は家に付く」という言葉があります。戻ってきた猫の目的は、飼い主よりも、慣れた家に戻ることだったのかもしれません。なにしろ、猫ってクールですから。

＊旬の野菜＊

松茸

芳醇な香りを楽しみ、焼いたり土瓶蒸しや松茸ご飯などで。近年は国産が激減し、消費量の五パーセント程度だとか。

シメジ

「香り松茸、味シメジ」と表現されるほど美味とされているシメジは、天然物のホンシメジ。お店で一般的に売られているのは栽培物のブナシメジです。

＊季節の言葉＊

雁渡し《かりわた》

ちょうど雁が渡ってくるこの頃に吹く北風のこと。もともとは伊豆や伊勢の漁師の言葉です。

菊花開く

【きっかひらく】

菊が咲きはじめる頃。菊は中国で古代から品種改良が行われ、観賞用に作られた花として平安時代の日本に渡ってきました。平安時代には薬としても用いられ、重宝されてきました。菊は皇室の紋章や、五十円玉の表のデザインにも使われています。

猫のヒゲにはさまざまな使い道があります。障害物を感知する「センサー」。風向きを確かめる「風向計」。それから湿度の変化を知る「湿度計」です。「猫が顔を洗うと雨になる」とよくいわれます。猫には妖しいところがあるので、天気を察知する超自然的な能力を持っていてもうなずけます。科学的には、湿度が高くなると猫のヒゲが湿って垂れ下がってくるため、猫はその湿気を取るために顔を洗う、という説があります。わが家の猫は、美味しいものを食べると、必ず念入りに顔を洗います。もし、家の猫に、毎日美味しいものをあげたら、毎日雨になってしまいます。

＊旬の果物＊

栗

栗の種類はニホングリ、チュウゴクグリ、ヨーロッパグリ、アメリカグリの大きく四つ。ニホングリは、縄文時代から食されていた、野山に自生するシバグリを品種改良したもの。ちなみにマロンは「大粒の栗」という意味のフランス語。英語で栗はchestnut。

＊季節の行事＊

十三夜

旧暦九月十三日の月も十五夜と並んで美しいとされ、お月見を楽しみます。この頃に収穫される栗や豆を供えることから、「栗名月」「豆名月」ともいわれます。

蟋蟀戸に在り

【きりぎりすとにあり】

キリギリスが戸の入口で鳴くという意味。虫の声が響き、秋らしさが深まってきます。コオロギの鳴き声は「リーリー」、キリギリスは「ギーッチョン」、松虫は「チンチロリン」。なお「蟋蟀」は秋の虫全体を指したという説もあります。

秋も深まり、虫の音を聞きながらいつのまにか寝入ってしまいました。明け方だったでしょうか、夢の中でゴゴゴという音が響いていています。次第に大きくなります。何の音なのか？　よく聞くとゴゴゴ……ゴーゴー……。耳元に熱い息を感じます。一瞬、すべてを了解しました。それは、ひと月前に亡くなった愛猫の懐かしいゴロゴロだったのです。ゴロゴロしているとき、それが盛り上がってくると、ゴロゴロがゴーゴーに変わるのを思い出したのです。猫が会いにきてくれた、そう気づくと、涙がとめどなく溢れ出ました。たった一度だけ見た不思議な夢でした。

＊旬の魚＊

サバ

塩焼きにしても味噌煮にしても美味しいサバは、この時期から冬にかけてが旬。青魚の王様と呼ばれ、さまざまな栄養が豊富です。

＊季節の言葉＊

キツネの嫁入り

天気雨のこと。恩を受けたキツネが美しい女性に化けて恩返しに来るときに降る雨、という伝説もあります。キツネの嫁入りは地方によっていろいろな呼び方があり、青森県南部では「キツネの嫁取り」、神奈川県や徳島県では「狐雨《きつねあめ》」といいます。

霜始めて降る

【しもはじめてふる】

北国から少しずつ霜が降りはじめます。霜は農作物に大きなダメージを与えます。そこからできた言葉が「秋霜烈日《しゅうそうれつじつ》」。「秋の霜」と「真夏の日差し」という激しい気候を合わせた言葉で、法や刑、罰則が厳しいことをたとえた言葉です。

真っ黒な地面に霜が降りて白いものが混ざるように、晩年を迎えた猫にも霜が降りてきます。そうです、猫も人間と同じように、年を重ねると白髪がはえてくるのですね。

最近、近所の黒猫が霜降り状態になってきました。白い毛が目立つようになってきたのです。白髪を生やした猫を見ると、なんだか切なくなります。私には、どの猫も小さな子どものように見えるのです。たとえそれが老猫でも、貫禄のある悪猫でもです。そんな白髪猫を見かけると、まるで小さな子どもが杖をついて歩いているような、そんな奇妙で切ない感覚にとらわれるのです。

＊旬の魚＊

鮭

産卵のために川に鮭が戻ってくる時期。川を上る直前の海で獲られる鮭は、体力があり脂ものっているので、高い値段で取り引きされます。

＊季節の言葉＊

釣瓶落《つるべお》とし

この時期、短い時間で日が暮れることを「釣瓶落とし」といいます。釣瓶とは、水を汲むために縄や竿をつけて井戸に投げ入れる桶のこと。釣瓶の桶が落ちるように、日が一気に落ちる様子からできた言葉です。

霎時施る

【しぐれときどきふる】

「霎」は「時雨」とも書き、「しぐれ」とも「こさめ」とも読みます。サーッと降り出したかと思うとすぐやんで、晴れ間がのぞく雨のこと。横なぐりの「横時雨」、朝に降る「朝時雨」、にわか雨としての「片時雨」など、しぐれにもいろいろあります。

コンビニに、宅配便を出しに行った帰り道、雨でずぶ濡れになっている野良猫を見かけました。公園の植え込みやベンチの下をのぞきこんで、食べるものを探しています。コンビニで昼食用に買った唐揚げをレジ袋の中から一つ取り出し、猫に見せながら声をかけました。でも、警戒して近づいてきません。そのとき、急ぎの用があった私は、じれて唐揚げを猫に向かってほうり投げてしまいました。猫は怯えたように飛び退きました。石を投げられたと思ったのです。私の気持ちが雑でした。唐揚げを全部地面に置き、振り向かずに雨の中を帰りました。

＊旬の果物＊

柿

庭先の柿の木もたわわに実る頃。渋柿と甘柿がありますが、千種類近くある中で甘柿はわずか二十数種。甘柿の代表は大きくてやわらかい富有《ふゆう》柿《がき》です。渋柿は、「渋抜き」という作業をして、渋みを抜いてから出荷されます。

＊季節の言葉＊

八入《やしお》の雨

この時期に降る雨のこと。「八入」とは、何度も染料に浸して色をつけるという意味で、雨が降るたびに紅葉が色を濃くしていくことから、この名がつけられました。

楓蔦黄なり

【もみじつたきなり】

カエデやツタが鮮やかに色づき、目で楽しむ秋が感じられる時期。日差しがさんさんと降り注ぎ、昼と夜の温度の差が大きく、適度な湿度がある条件下で、木々は美しく紅葉します。節気「霜降《そうこう》」の最後の候。ここで秋は終わりを告げます。

紅葉の美しさ、じつは猫にはわからないようです。なぜなら、猫の目は赤を判別できないからです。

近所になじみの野良猫がいます。ラクダの股引《ももひき》そっくりな色だから「ももちゃん」。紅葉の時期、公園の色づいた落ち葉の吹きだまりに、ももちゃんがどっしりと座っています。おっとりしているので、落ち葉がのっていても、まるで気にせず居眠りをしています。「ももちゃん」と声をかけると、枯れた声で「ハオーン」。ももちゃんが立ち上がると、お尻に落ち葉が張りついていました。そんな、秋の終わりのなんだかやさしいひとこま。

＊旬の野菜＊

サツマイモ

紅あずま、紅はるか、鳴門金時、安納いもなど、さまざまな品種があります。切った口から蜜が出ていたり、その痕が黒く残っているものを選ぶのがコツ。鹿児島県では、サツマイモの栽培が始まった十八世紀以降は餓死者が出なかったといわれ、人々を救ってきた野菜です。

＊旬の鳥＊

ヒヨドリ

灰色の体にボサボサ頭、羽を広げると四十センチにもなる、存在感のある鳥。日本全国で見られ「ヒーヨヒーヨ」と大きな声で鳴きます。

冬

どの猫たちも丸くなります。
猫は暖かいところが大好きです。
寝ているはずの猫が、日向とともに移動しています。
脱いだ服に潜り込んだり、
お風呂のふたの上で憩っていたりします。
そんな猫を見ていると心が温まります。

写真／山形県　蔵王

【立冬】初候
11月7日〜11日頃

山茶始めて開く

【つばきはじめてひらく】

節気「立冬《りっとう》」最初の候。「山茶」は「つばき」と読みますが、サザンカ（山茶花）のこともさします。サザンカはツバキ科で、白や赤、ピンク色などの花をつけます。散るときには、花びらを一枚ずつ、はらりはらりと落としていきます。

冬の気配が立ち込める、ある日の午後のことです。どんよりとした灰色の雲が低くたれ込み、くすんだ色が街を支配しています。私はひんやりとした空気をまといながら、近所の緑地帯の遊歩道を散歩していました。灰色の景色の中に、一点、鮮やかなピンク色のサザンカの植え込み。思わず目を奪われ、しばらく、濃いピンクの色に足を止めて見惚れていました……。ガサッ！　いきなり、サザンカの茂みから何かが飛び出してきました。白地に黒の模様の、きれいな猫でした。サザンカの鮮やかなピンクに、猫の白と黒。その配色の妙に、二度、目を奪われたのでした。

＊季節の行事＊

出雲大社の神在祭《かみありさい》

旧暦十月は、年に一度の「神議《かみはかり》」のため、全国の神々が出雲大社に集まって留守にするので「神無月《かんなづき》」と呼ばれます。一方、神様が集まる出雲では「神在月《かみありづき》」と呼び、「神迎祭《かみむかえさい》」に始まり、「神在祭」、そして神々を見送りする「神等《から》去出祭《さでさい》」が行われます。

鍋の日

十一月七日は「一（い）一（い）七（な）べ」」の語呂合わせから「鍋の日」。食品メーカーのヤマキが制定しました。立冬を迎え、鍋料理が美味しい季節がやってきます。

地始めて凍る

【ちはじめてこおる】

大地が凍りはじめる時期。夜に急に気温が下がって地面が凍るのですが、この寒さでできるのが霜柱。夜の温度が〇・三度くらいになるとできます。それ以上寒くなってしまうと、地面が固く凍ってしまい、霜柱が立たなくなるのです。

七五三の賑わいも一段落したある日、散歩の足を伸ばして、地元の神社に行ってみました。赤い大きな鳥居をくぐると、神聖な結界に踏み込んだような気がして、身が引き締まります。本殿の周りを巡り、社務所の脇道を通ると、お稲荷さんの小さな祠《ほこら》がありました。その両脇にキツネの置き物が控えています。キツネの横に、ちゃっかりと猫が座り込んでいました。思わず油揚げを供えたくなるような、なりきりぶりでした。お賽銭箱《さいせんばこ》の横で香箱座《こうばこずわ》りをしている猫や、お社で雨宿りをしている猫も見かけたことがあります。神社の神々しい雰囲気には、猫の神秘性がよく似合います。

＊旬の魚介＊

毛蟹とタラバガニ

濃厚で蟹みそも美味しい毛蟹。大きくプリプリした食感のタラバガニ。どちらも旬を迎えます。タラバガニは、タラの魚場で獲れることから、この名がつきました。とはいえ、正しくはヤドカリの仲間です。

＊季節の行事＊

七五三

十一月十五日は子どもの成長を祝う七五三。かつては、数え三歳は髪を伸ばし始める「髪置《かみお》きの儀」、五歳は男の子が初めて袴をはく「袴儀《はかまぎ》」、七歳は女の子が着物に帯を締め始める「帯解《おびと》きの儀」が行われました。

金盞香し
【きんせんこうばし】

「金盞」はキンセンカですが、実際は冬にキンセンカと同じように香《かぐわ》しい水仙のこと。水仙はギリシア神話にも登場する花。美少年が水面に映った自分に恋をし、やがて死んでしまいます。その姿を現すのが水面をのぞき込む姿の水仙なのです。

ギリシア神話の美少年の名前はナルキッソス。その名から生まれた言葉が「ナルシスト」です。この話に、子猫が初めて鏡に映った自分の姿を見たときの愛らしさを思い出しました。子猫を飼ったことのある人なら、同じような経験があると思います。鏡の中の自分に向かって、背を丸めて威嚇《いかく》する子。鏡の裏に回って、自分とそっくりの子がいないか確認する子。鏡をそっと横から覗きこみ、突然現れた自分の顔にびっくりして、ぴょんと跳び上がる子。反応はさまざまですが、どの子にも共通しているのは、その姿はナルシストとはまるで程遠いということです。

＊季節の鳥＊

マヒワ

「冬を教える鳥」とも呼ばれ、秋に北から渡ってきて、この頃さかんにさえずります。スズメよりずっと小さく、体は鮮やかな黄色（雄）。群れになって木に止まる姿が愛らしい鳥です。

＊季節の行事＊

亥《い》の子の祝い

旧暦十月の亥の日亥の刻（午後九〜十一時）に、猪の子どもに似せて作った「亥の子餅」を食べて、無病息災と、多産の猪にあやかった子孫繁栄を祈る慣わし。もともと平安時代の宮中行事のひとつで、『源氏物語』にも記載があります。

虹蔵れて見えず

【にじかくれてみえず】

初雪が舞いはじめる、節気「小《しょう》雪《せつ》」の最初の候。「清明《せいめい》」の「虹始めて見《あらわ》る」の対置です。日差しが弱まり乾燥してくるため、虹を見かけることが少なくなってきます。雨上がりの暖かな日に思いがけず見られる「冬の虹」は冬の季語。

天国の少し手前に「虹の橋」と呼ばれる場所があります。美しい森や川があり、亡くなったペットたちが仲良く暮らしています。じつは、大好きな飼い主さんをここで待っているのです。やがて死を迎えた飼い主さんとここで再会し、虹の橋を渡り、一緒に天国へ行くのです。私は長年ともに暮らした猫が亡くなったとき、作者不詳のこの英詩を知りました。湯川れい子さんに翻訳していただき、『虹の橋』という絵本を世界で初めて出版しました。湯川さんの事務所の名前を知ったとき、不思議な感慨をおぼえました……。「レインボーブリッジ」という事務所だったのです。

＊旬の果物＊

リンゴ

シャリッとした歯ごたえとさわやかな甘さ。栄養豊富で「一日一個で医者いらず」といわれます。iPhoneで有名なアップル社のロゴのリンゴはカナダ原産の「マッキントッシュ（日本語名「旭」）」。同社のコンピュータは、これにちなんで名付けられました。

＊季節の行事＊

新嘗祭《にいなめさい》

十一月二十三日の勤労感謝の日は、もともと新嘗祭といって、その年に収穫された穀物（新穀）を神に捧げて感謝する日。宮中行事のひとつで、神社でも行われます。

【小雪】次候
11月27日〜12月1日頃

朔風葉を払う

【さくふうはをはらう】

「朔」とは北の意味で、朔風とは北風のこと。「木枯らし」とか、木の葉を落とす風なので「木の葉落とし」とも呼ばれます。この時期、北風が強く吹いて木の葉を吹き払い、木を丸裸にして、秋の景色を冬のものにしていきます。

「木枯《こがらし》や更行く夜半の猫のみみ」立花北枝《ほくし》。夜中の木枯らしが猫の耳から聞こえてくるようだよ、という句です。

昔、散歩が大好きな猫と暮らしていたことがありました。猫と歩道を歩いていると、突然の強風。私は思わず首をすくめました。ところが、猫は身を低くして耐えています、その姿がなんともエレガントなのです。同じようなポーズを見たことがあります。散歩に出かけるため、下りのエレベーターに一緒に乗ったときです。降下するエレベーターの中で、身を低くして重力の変化に耐えていたのです。この姿勢、何かに耐えるポーズなのかもしれません。

＊旬の野菜＊

白菜

鍋料理に欠かせない白菜。霜が降りると、甘みが増して美味しくなります。明治初期、中国から伝わってきました。

レンコン

漢字で「蓮根」と書きますが、正しくは蓮の肥大した地下茎。穴は、葉から取り込んだ空気を地中に送るための通気孔の役目をしています。

＊季節の言葉＊

木枯らし

初冬に吹く冷たい風のこと。山を越えて吹きつけてくる風は「空《から》っ風《かぜ》」と呼ばれ、群馬県の「上州の空っ風」が有名。

【小雪】末候
12月2日〜6日頃

橘始めて黄なり

【たちばなはじめてきなり】

タチバナの実が黄色く色づいてくる頃です。タチバナは、日本に自生する唯一の柑橘類。葉が常に生い茂って枯れない常緑種であることから「不老不死」の象徴、縁起のいい木として、古く『古事記』や『日本書紀』にも登場しました。

寒さも本格的になってきて、コタツがうれしくなる時期。マンションのベランダで、野良の母猫が子育てをしていたことがありました。サンマを食べていた親子です。雪がちらつくある夜、猫の親子はベランダの隅に固まって震えていました。私は仕事場のドアを細く開け、猫たちが入れるようにしておきました。コタツを暖め、入りやすいように布団をまくっておきました。夜中に仕事場をそっと覗くと、コタツの中で猫の親子が目を細めて眠っていました。その後しばらく、仕事机代わりのそのコタツで仕事をするとき、ノミに悩まされましたが、後悔はしませんでした。

＊旬の野菜＊

ホウレンソウ

「冬菜」とも呼ばれ、冬の葉野菜の代表格。漢字では「菠薐草」「法蓮草」「鳳蓮草」などと書きます。冬のホウレンソウには夏物の三倍ものビタミンCが含まれています。

＊旬の魚＊

ブリ

十二〜二月が旬。この時期、日本海で獲れる特に脂がのったブリが「寒ブリ」。出世魚で、関東ではワカシ→イナダ→ワラサ→ブリ、関西ではツバス→ハマチ→メジロ→ブリ、北陸ではツバイソ、コズクラ→フクラギ→ガンド→ブリ、などと呼び名が変わります。

【大雪】初候
12月7日〜11日頃

閉塞冬と成る

【そらさむくふゆとなる】

雪が降り本格的な冬到来の節気「大雪《たいせつ》」の最初の候。空が閉じて真冬が来る、という意味です。寒く暗い雲に空を覆われ、太陽の光が見えにくくなります。重たい雲に覆われた曇天を「雪曇り」、この時期に降る冷たい雨を「氷雨《ひさめ》」といいます。

寒い冬の夜、ラーメン屋の前にうずくまっている野良猫がいました。傍にしゃがみ込んで呼んだら、膝によじ登ってきました。冷えきった肉球。しばらく、その手足を温めてあげていたら、膝の上に居着いてしまいました。行列に並ぶのは好きではないので、あんなに長いことラーメン屋の前にいたのは初めてです。頭に雪をのせて、軒先でじっと耐えている雪国の猫の写真を見たことがあります。猫も、地域によって耐寒性に差が出るのでしょうか。

締めに一句。「うすべりに寒夜の猫の貌みがく」（寒い夜、ござに猫が顔をすりつけて磨いているよ）金尾梅《かなおうめ》の門《かど》。

＊旬の魚介＊

牡蠣《かき》

産卵前の冬のこの時期に旬を迎えて美味しくなるのは真牡蠣《まがき》。小ぶりでクリーミーな味わいです。大きくて厚みもあり、天然物が多い岩牡蠣《いわがき》の旬は六〜九月の夏の時期です。

＊季節の言葉＊

雪吊り《ゆきづり》

豪雪地では雪の重みで木の枝が折れないよう、縄で吊ったり、支柱を立てたりする雪吊りをします。日本三名園の一つ、金沢兼六園の雪吊りは有名。毎年十一月一日の朝、もっとも立派な枝振りを持つ唐崎松《からさきまつ》から始めるのが慣わしです。

熊穴に蟄る

【くまあなにこもる】

冬を越すために、熊が穴の中にこもる時期。体温を下げて仮死状態で冬を越すのが「冬眠」、栄養を蓄えて巣の中でじっとしているのが「冬ごもり」。熊の夫婦は冬の間に子供を産み、春になると少し大きくなったその子と一緒に穴から出てきます。

現代の猫にとって「かまど」にあたるのは「コタツ」。これなら熊並みに越冬もできそうだし、灰だらけになる心配もありません。それにしても、猫は穴のようなところや、狭い場所に入るのが大好きです。レジ袋を置くとその中に突進していく。スリッパに頭だけ突っ込んでいる。引き出しを開けると横から強引に潜り込む。小さな箱にムリヤリ自分で自分を詰め込む。

ある日、出かけようとすると、鞄がずっしりと重い。鞄から猫のお尻が覗いています。面白いからそのまま持ち上げ、揺らしてあげたら、中からゴロゴロと喉を鳴らす音が響いてきました。

＊旬の魚＊

ヒラメ

背びれや腹ビレのつけ根にある「縁側」の味わいも格別です。「左ヒラメに右カレイ」といって、おなかを手前に置いたとき、左を向くのがヒラメです。

＊季節の行事＊

正月の事始《ことはじ》め

十二月十三日は正月の事始め。江戸時代の暦で、婚礼以外のすべてで縁起がよい日だったことからこの日になりました。煤《すす》払い、餅つき、松迎えなど、正月を迎える準備を始めます。松迎えとは、門松などにする松の枝を山から切り出してくることです。

鱖魚群がる

【さけのうおむらがる】

鮭が産卵のため群がって川を上っていく時期。産卵のあとは多くの鮭が力がつきて死んでしまい、生き残った鮭も味が全く抜け落ちてしまうほど、全精力を使い果たします。ただ、「鱖」は鮭以外の別の魚を指すという説もあります。

以前飼っていた猫は、鮭が大嫌いでした。猫は気難しいグルメだとつくづく思います。たとえ上物の鮭であろうと、嫌いなものには、どんなに空腹なときでも手を出しません。そのかわり、大好物にはなりふり構わずかぶりつきます。その節操のなさは天晴《あっぱれ》です。

さて、そのグルメ猫はフライドチキンが大好きでした。私がフライドチキンを食べているとき、横から強引に手を出して取ろうとしたので、うっかり猫の手をチキンと一緒にくわえてしまったことがありました。このときばかりは、猫も人間も目が点になりました。

＊旬の野菜＊

大根

日本で最も多く生産されている野菜の一つ。名前の由来は「大きな根」。アミラーゼなど消化を助ける消化酵素を豊富に含み、胃もたれや胸焼けに効きます。解毒作用もあります。

＊旬の魚＊

フグ

主に関西圏で、刺身を「てっさ」、鍋を「てっちり」ともいいます。フグは当たることから「鉄砲」と呼ばれます。「てっ」は鉄砲、「さ」は刺身で「てっさ」。「ちり」は「ちり鍋（白身魚を野菜とともに水炊きにした鍋）」で「てっちり」。

【冬至】 初候 12月22日～25日頃

乃東生ず

【なつかれくさしょうず】

夜の時間が最も長くなる「冬至《とうじ》」の節気最初の候。夏枯草が芽を出す時期ということで、「夏至《げし》」の初候「乃東《なつかれくさ》枯《か》れる」に対応しています。乃東は漢方薬にも使われるウツボグサのこと。冬に芽を出すウツボグサは、この時期に生えるのです。

自然界では夏枯草が芽を出すこの頃、街はクリスマス一色になります。ある年、猫が歌うクリスマスソングのCDを買いました。猫の鳴き声を各音階ごとに収集し、それを組み合わせて曲を作っています。猫の合唱団による「サイレント・ナイト」は何とも愛らしく、猫好きにはたまらない一枚です。

猫とずっと付き合っていると、だんだん、鳴き声で猫の気持ちがわかるような気がしてきます。でも、わかったつもりになっていると、とんだ思い違いをしていたことにも気がつきます。何事も慢心はいけないと、猫に教えてもらった気がします。

＊季節の行事＊

クリスマス

一五五二年、山口県の教会で宣教師が信徒を集めてミサを行ったのが日本のクリスマスの起源といわれます。江戸時代にはキリスト教は禁止され、クリスマスは姿を消します。そして明治時代、銀座の明治屋のディスプレイなどをきっかけに、クリスマスは広まっていきました。

＊季節の言葉＊

冬《ふゆ》萌《も》え

冬の暖かい日に木や草が芽を出すことで、冬の季語。寒くても徐々に春が近づいているという、希望を感じさせる言葉です。

麋角解つる

【さわしかのつのおつる】

大きな鹿の角が落ちて生え変わる時期。「麋」は大きな鹿のこと。クリスマスに活躍するトナカイも麋です。大きな鹿の角は毎年、この時期に抜け落ちて、春に生え変わりますが、普通の日本鹿の角が生え変わるのは春です。

「いずれもの猫なで声に年の暮れ」服部嵐雪《らんせつ》。年の瀬になって、みんな猫なで声で誘ってくるよ、という句です。

宴会シーズンですね。ときどき、猫に被りものをさせて遊んだりします。帽子とか、手ぬぐいで頬っ被りとか、トナカイの角の被りものとか。あまりのぴったりさ加減に吹き出してしまいます。年末。鏡餅の横で丸くなっている猫を見ると、ついダイダイを乗せてみたくなります。でも、いちばんおもしろいのは、猫の無表情さです。何をかぶせても表情は同じ。だんだん「何をしているんだ」とたしなめられている気分になります。

＊旬の魚＊

アンコウ

水温が下がる冬、身が引き締まって美味しくなるアンコウ。あんこう鍋は茨城県を代表する冬の味覚で、「東のアンコウ、西のフグ」とも呼ばれます。

＊季節の慣わし＊

ゆず湯

冬至の日には、ゆずを浮かべたゆず湯に入るのが慣わし。冬至の悪い気をゆずの香りで払うという説、湯治と冬至をかけたという説があります。ゆず湯は血行促進効果があり、風邪予防に。また冬至の日には、カボチャや小豆粥《あずきがゆ》を食べるのも慣わしです。

雪下麦を出す

【せつかむぎをいだす】

降り積もった雪の下で、麦が芽を出す頃。大晦日、元日を迎え、気持ちを新たにする頃でもあります。麦は秋に種まきをし、冬の寒さの中で芽を出して育ち、初夏に収穫を迎えます。踏まれて強く育つといわれ、早春の麦踏みも大事な作業です。

冬毛の猫は、こんもりと一回り大きくなった感じがします。ふだんはガリガリの野良猫でさえ、こんもりです。

寒風吹きすさぶ暮れのある日、雑木林の入口で二匹の猫が枯葉を蹴散らしながら激しい喧嘩をしていました。見事な巨体の野良の雄同士です。ワーワーと唸り合い、睨み合う。一瞬後には、団子になって雑木林の中を転がります。喧嘩を仲裁しようと近づくと、迷惑そうにして、あっという間に雑木林の奥に走り去ってしまいました。揺れるおなかとまんまるな顔。二匹とも怪我なく、あの福々しい姿で、新年を迎えてくれるといいなあ。

＊旬の食べ物＊

年越し蕎麦《そば》

大晦日には、長く細い幸せを願って年越し蕎麦を食べます。起源は古く、鎌倉時代にさかのぼります。当時、博多の承天寺《しょうてんじ》で、年を越せない貧しい人々に蕎麦餅を振る舞ったことから始まったともいわれています。

＊季節の言葉＊

初茜《はつあかね》

元日の明け方、初日の出が出る前に空が赤く茜色に染まることで、新年の季語です。元日の明け方の空は「初東雲《はつしののめ》」、元日の明け方に初めてさす太陽光は「初明《はつあか》り」といいます。

芹乃栄う
【せりすなわちさかう】

節気「小寒《しょうかん》」の最初の候。この節気と次の大寒《だいかん》を合わせて「寒中《かんちゅう》」といい、一年で最も寒い時期です。「芹乃栄う」は、川辺でセリがよく育つ頃という意味。セリは「競り合うように生える」ことから、その名がついたとされています。

草といえば、猫の草、うちではすでに鉢植えになっているものを買ったり、自分で栽培していると、すでに書きました。

ところが、田舎で猫を飼っている友人は、猫の草を買ったことがないそうです。その猫たちは、毛玉が胃に溜まり不快になったときには、野原に生えている適当な草を食べて、毛玉を吐いているとのこと。友人に「田舎の猫は猫の草がないから気の毒だねえ」と言うと、「気の毒なのは都会の室内猫だよ、なにしろ自然な草を自由に食べることができないじゃないか。だから、その代用の草が猫草なんだよ」。言われてみればもっともです。

＊季節の行事＊

七草粥《ななくさがゆ》

一月七日の朝、七種類の春の野草が入った七草粥を食べて無病息災を祈ります。セリ、ナズナ、ゴギョウ、ハコベラ、ホトケノザ、スズナ、スズシロ（大根）。これらは早春にいち早く芽吹くことから、邪気を払うとされています。正月のご馳走で疲れた胃腸を休ませる意味もあります。

だるま市

年末から春先にかけて、全国各地でだるま市が催されます。群馬県高崎市の少林山達磨寺《しょうりんざんだるまじ》、東京都調布市の深大寺《じんだいじ》などが有名です。

水泉動く

【すいせんうごく】

地中で凍っていた泉が、暖かくなって解けはじめる頃。実際には地下水は凍りませんが、昔の人は見えない地中の水に思いをはせて、春の到来を感じ取ろうとしたのです。現実には寒さはこれからピークを迎え、春の訪れはもう少し先のこと。

寒い冬、ずっと部屋で丸くなっていた猫がおもむろに立ち上がり、北風の吹く表に出かけていきました。猫の鋭い感性で地中の水が動く気配を感じ、それを確かめようと、わずかなわずかな春の気配を探しにいったのでしょうか。

しばらくして、外から帰ってきた猫の脇腹に、草の種がいっぱいついていました。雑草が生い茂った空き地で遊んでいたのでしょうか。それとも、よそさまの庭を横切ってきたのでしょうか。「どこで遊んできたの？」と聞いても、「おなかすいたよ～」と鳴くばかりです。そんな猫を抱き上げると、全身の毛が冷えていました。

＊季節の植物＊

ヒイラギ

魔除けの木として古くから親しまれている木。モクセイ科で、晩秋に咲く白い花からはキンモクセイのような甘い香りが漂います。葉の先にトゲがあり、触ると「疼《うず》く（ひいらぐ＝ひりひり痛むこと）」ことからこの名がつきました。

＊季節の行事＊

鏡開き

一月十一日は、年神様にお供えしていた鏡餅を下げ、手や木槌などで開いて（割って）お汁粉などでいただく日。硬いものを食べて、歯を丈夫にし、無病息災を祈るという意味があります。

雉始めて雊く

【きじはじめてなく】

日本の国鳥でもあるキジが鳴きはじめる時期。雌への求愛のために、雄キジが「ケーン、ケーン」と甲高い声で鳴きはじめます。実際に鳴き声が盛んになるのは三～四月で、もう少し先のこと。キジの鳴き声は、春が近づいている証しなのです。

「ケーンケーン」ならぬ、「ニャーンニャーン」と声が聞こえれば、バッとそちらを見てしまうのが猫好きの証《あかし》です。

子供の頃、やたら鳴き声の大きい猫を飼っていました。遠くで鳴いていても、「あ、チーコが鳴いてる！」とすぐわかり、家族と苦笑していました。雄猫なのになぜか「チーコ」です。近所の人にもかわいがられていて、チーコ情報は逐一入ってきました。「チーコが神社で遊んでいたよ」「チーコが魚屋の店先から干物をくわえてったよ」「え～っ！」。今でも、大声の猫の鳴き声が聞こえると、魚屋さんに謝りに行った日のことを思い出します。

＊旬の果物＊

ミカン

日本で普通ミカンといえば温州《うんしゅう》ミカンのこと。温州ミカンは、四百年ほど前に中国から鹿児島県に流れついた種が突然変異を起こしてできたといわれます。

＊季節の行事＊

小正月《こしょうがつ》

元日を大正月というのに対し、一月十五日は小正月。大正月の間忙しく働いた女性たちを労う意味で「女正月」とも呼ばれます。この日の朝は、無病息災を願って小豆粥《あずきがゆ》を食べるのが慣わし。また、餅を丸めて柳などの枝につけた餅花《もちばな》を飾る地方もあります。

欵冬華く

【ふきのとうはなさく】

「欵冬」は、冬の氷を破るという意味。款冬花はフキノトウのことで、地面はまだ雪や氷に覆われていますが、それを突き破るような勢いで、芽を出し花を咲かせ始めます。この時期に元気に育つフキノトウは、「春の使者」ともいわれます。

猫、冬の氷は破れませんが、障子はよく破ります。ピンクの肉球の手が、障子の穴からにゅっと伸びる光景。破れ目から子猫が頭をムリヤリ出してくる光景。なんとも微笑ましいです。

わが家の出窓には障子がついています。猫のまるおは、その出窓に座り外の景色を眺めるのが大好きです。その障子は必ず猫のために十センチ開けておくのですが、うっかりそれを忘れると、見事に障子を破って出窓に突入していきます。ちょっと腹が立ちますが、障子に映った猫の影を見ていると、いい光景だなあとしみじみしてしまいます。

＊旬の野菜＊

春菊

キク科の植物で、春に花が咲き、葉が菊に似ていることから、この名で呼ばれるようになりました。関西では「菊菜」とも。カロテンが豊富で肌をきれいにし、風邪予防にもなります。

＊季節の行事＊

二十日正月

一月二十日は正月の祝い納め。正月にお迎えした年神様がお帰りになる日とされ、この日をもって正月の行事はすべて終わります。正月の料理をすべて食べつくして骨にしてしまうことから、「骨正月」とも呼ばれます。

【大寒】次候
1月25日～29日頃

水沢腹く堅し

【みずさわあつくかたし】

冬最後の節気「大寒《だいかん》」の次候で、沢に氷が厚く張る頃。北海道旭川市で日本の最低気温マイナス四十一度が記録されたのもこの時期で、寒さはピーク。北海道では流氷が見られる頃となり、雪や氷がつくりだす自然の美しさに目を奪われます。

生まれて三か月ほど経った子猫がいます。聞くもの、見るもの、触るもの、すべてのことが初めての経験です。好奇心旺盛で寝ているとき以外は、常に動き回っています。

ある日、雪が降りはじめました。雪を初めて見た子猫は、出窓にへばりつき、ふわふわと舞い落ちてくる様子を、日がな一日飽かずに眺めています。暖かい部屋で雪を眺めているこの子猫は、まだ雪の冷たさを知りません。ひたすら雪を眺めながら、何を考えているのかな。いやいや、何も考えていないのかも。そんな子猫の様子を、飼い主も日がな一日飽かずに眺めていたりするのです。

＊旬の魚＊

タラ

鍋に欠かせない魚。たらこや明太子は、タラの一種、スケトウダラの卵。スケトウダラはカマボコの材料にもなります。漢字で「鱈」と書くように、雪の季節に美味しさが増す魚です。

＊季節の言葉＊

つらら

漢字で「氷柱」。この時期に見られる自然現象で、つららという名は「滑らか」の古語「つらつら」からといわれています。気温が低いと、風などの影響でいろいろな方向に伸びることも。流れる滝自体が凍る「氷瀑《ひょうばく》」は大きなつららです。

鶏始めて乳す

【にわとりはじめてにゅうす】

夜明けの時を鳴き声で知らせる鶏は、夜が象徴する悪霊を追い払う鳥として親しまれてきました。「乳」には産むという意味もあり、鶏が卵を産みはじめる時期。日が長くなってから卵を産みはじめる鶏が、春がそこまで来ていると教えてくれます。

明け方、いつものように猫が私を起こしにきました。掛け布団の上の胸のあたりに座って、私の顔を覗き込みます。目が「ごはん！」と訴えています。とっくに目は覚めているのですが、温かい布団からはまだ出たくない。たぬき寝入りを決め込んでいると、のどを甘噛みしてきました。明らかにそこは急所、猫も野生の獣なのだと感じる瞬間です。でも、どの程度の噛み方なら安全なのかもわかっています。そんな猫の心遣いが愛おしくなります。

そして気がつけば、七十二候も終わり。季節とともに息づく猫たちとの新たな一年がまた始まるのです。

＊旬の行事＊

節分

もともと節分は各季節の始まりの日（立春・立夏・立秋・立冬）の前日すべてをさしましたが、今では一年の始まりとして特に大事な立春の前日のみを指します。「魔滅」に通じる豆を鬼にぶつけて、邪気を払い、無病息災を祈ります。

恵方巻き《えほうまき》

節分の夜に食べる太巻き（七福神にちなんで七種類の具を入れて巻きます）。これを、その年の縁起のいい方角（恵方）に向かって丸かぶりをすると、福が来るといわれます。もとは大阪の商家の風習です。

【参考文献】

『日本の七十二候を楽しむ』白井明大（東邦出版）

『くらしのこよみ』うつくしいくらしかた研究所（平凡社）

『イラストで楽しむ日本の七十二候』アフロ（中経文庫）

『日本の歳時記』宇多喜代子他（小学館）

『いきもの歳時記（全4巻）』古館綾子（童心社）

『ねこ暦 七十二候』南幅俊輔（洋泉社）

デザイン…………ヤマシタタツトム

写真提供…………アフロ

アフロ、Yoshiyuki Kaneko、阿部高嗣、KENJI GOSHIMA、岩沢勝正、深尾竜騎、相澤秀仁＆相澤京子、Blickwinkel、picture alliance、Alamy、田中光常、Juniors Bildarchiv、山本つねお、河野志郎、上西重行、山梨将典、八二一、田ノ岡哲哉、小森正孝、長田洋平、生駒謙治、PPA、曲谷地毅

奥森すがり
p13,19,39,41,57,67,69,111,113,115,131,135,137,139,141,143,153,159

企画協力…………企画のたまご屋さん

猫《ねこ》と暮《く》らす七十二候《しちじゅうにこう》

著者 おかのきんや／根本浩

発行 株式会社二見書房
東京都千代田区三崎町2－18－11
電話 03（3515）2311［営業］
03（3515）2313［編集］
振替 00170－4－2639

印刷 株式会社 堀内印刷所

製本 株式会社 関川製本所

落丁・乱丁本はお取り替えいたします。
定価はカバーに表示してあります。

ISBN978-4-576-17066-4
http://www.futami.co.jp